MEMORIAS DE UN LECHUGUERO

LUCIO PADILLA

authorHOUSE®

AuthorHouse™
1663 Liberty Drive, Suite 200
Bloomington, IN 47403
www.authorhouse.com
Phone: 1-800-839-8640

First published by AuthorHouse 2/18/2009

ISBN: 978-1-4389-4188-2 (sc)

Printed in the United States of America
Bloomington, Indiana

This book is printed on acid-free paper.

Le dedico este libro a María Elena quien ha estado a mi lado en las buenas y las malas. Su cariño y apoyo me han dado la inspiración y determinación para sobrellevar las dificultades de la vida. Tengo la dicha de seguir a su lado disfrutando los frutos de nuestros esfuerzos.

Mi gratitud para Rosa López y Sandra López por su apoyo en el desarrollo de este libro.

Entre más grande el reto, más valiosa la victoria.

El amor es la más grande inspiración para enfrentar las dificultades de la vida.

Es incierto hasta donde llegaré; y si no lo intento nunca lo sabré.

Por
Lucio Padilla

CONTENIDO

MI CRISIS

El dolor era terrible. Se reflejaba una agonía en mi cara causa del tormento que sentía en mi cuerpo y alma. Conteniendo un gemido renqueé a la orilla del fil. Era la primera vez que me sentía tan impotente. Eran malas noticias de inseguridad en mi futuro. Traté de ocultar mi preocupación, pero a pesar de mis esfuerzos, mi hermano Rafael presintió que algo no andaba bien. Se me acercó y preocupado preguntó,

"¿Órale Joums, estas bien?"

"Simón, le contesté simulando una sonrisa que más bien fue una mueca. "Estoy bien, le dije a mi hermano."

Pero no logré engañar a Rafael, él sabía que pasaba algo serio. Me le acerqué al mayordomo para reportar que me había lastimado.

"Oye Joums, me duele mucho la pierna. Creo que me lastimé. Me resbalé durante el día y siento desde entonces un músculo falseado. He trabajado todo el día con dolor," le expliqué al mayordomo.

El mayordomo escuchó con enfado.

"Ey, tú estás bien," me dijo sin darle importancia. "Tú eres nuestro mejor lechuguero. Eres muy fuerte. Debe ser una torcedura cualquiera y lo que necesitas es una sobada."

"Mire señor," le dije asombrado, tratando de controlar mi furia, "Yo no necesito una sobada, le estoy reportando que me lastimé y si no mejora mi pierna para mañana quiero ir a un doctor."

Le pedí información para aplicar por compensación de trabajo. Alegamos sobre el origen de la lastimadura. Él insistía que no se me había notado nada anormal durante el día. Yo trabajé duro como era costumbre, siempre enfrente de todos cortando y empacando más rápido que cualquier otro lechuguero en la cuadrilla. Titubeando dijo que me daría la información al siguiente día.

"Espero y no estés fingiendo," me dijo, y despreocupado, se fué.

Lo miré alejarse, sorprendido de su cambio de actitud hacia mí. Desde que comencé a trabajar para él, siempre elogió mi habilidad para hacer el trabajo. Ahora ignoraba mi dolor y con indiferencia me descartaba como un objeto desechable.

Las noventa millas de regreso a Calexico pasaron en silencio. Estábamos muy cansados y sedientos, pero más que nada, mi hermano y amigos respetaban mi agonía y limitaban sus conversaciones. Rafael, el Poncho, el Johnny, mis compas Yuca y Chicho y yo después de mucho tiempo trabajando juntos habíamos sobrevivido muchos tropiezos. Nos encontrábamos todos en una difícil situación económica después de cuatro años de devastación de las cosechas del valle Imperial por las plagas de mosca blanca. El nivel de desempleo era alto y los afortunados en tener un empleo no les alcanzaba para ahorrar para el árido verano. Estábamos a solo tres días de nuestro primer cheque. Era un buen cheque que nos daría un respiro temporal, pero por el momento solo contábamos con nuestros últimos dólares. No teníamos suficiente para la gasolina del siguiente día o para comprar algún refresco para el viaje de regreso. Nos encontrábamos mojados, con frió y pobres, pero nadie se quejaba. Actuábamos con dignidad rehusando a flaquear y siempre con fe de encontrar una solución. En Calipatria, a treinta millas al norte de

Calexico, se quedaron mi hermano y mi compa Yuca. Los recogíamos a diario en nuestro camino hacia Coachella. Media hora después dejé al Johnny, Chicho y Poncho en la línea. Ellos vivían en Mexicali y cruzaban todos los días a trabajar. En cuanto me encontré solo, dejé escapar un contenido lamento. El dolor que taladraba mi pierna era inaguantable. Pensé en comprar una cerveza. Tal vez una cerveza calmaría el dolor y me ayudaría a dormir. Tenía solo tres dólares y necesitaba dinero para la gasolina del siguiente día. Gastaría casi todo para comprarla pero me encontraba desesperado. Me detuve en una tienda cerca de mi casa y renqueé hacia adentro. Mis dedos estaban entumidos y me causaba dificultad para apuntarlos hacia arriba al dar el paso. Al caminar los arrastraba causando un incontrolable renqueo. Me horrorizaba el pensar en quedarme cojo. Yo había visto a muchos lechugueros jóvenes y viejos tullirse por el desgastador trabajo. Nunca pensé que me pasaría a mí. Me sentía tan fuerte el día anterior. Era irónico como me aliaba a otros lechugueros jóvenes para burlarnos de los viejos y tullidos para acusarlos de güevones por que no podían mantener el ritmo de trabajo. Los lechugueros viejos respondían agresivos y con uso de una gran variedad de insultos.

"Así como te ves, me miré y como me veo, te verás," decían con sarcasmo.

Nunca pasó por mi mente que me pasaría tan pronto. Entré en la tienda y compré una caguama.

"Esto me aliviará el dolor," me repetía a mi mismo.

Quería creer que la caguama aliviaría mi lastimadura. Estaba desesperado en llegar a casa y beber un largo trago de cerveza. Pero para agregar a mi mala fortuna, cuando renqueaba hacia el carro, me tropecé y solté la caguama rompiéndola al pegar contra el pavimento del estacionamiento. No podía creer mi mala suerte. Miré al cielo y protesté mi mala fortuna. Con tristeza miré el líquido mágico derramarse en el piso. En desesperación, dejé escapar un lamento incrédulo de mi tragedia.

Al siguiente día Chicho, Poncho, Johnny y yo nos reunimos en el lugar de costumbre. Todos habíamos fracasado en conseguir dinero. Yo ni lo había intentado. El dolor en mi pierna había sido terrible y me la pasé sin dormir toda la noche.

"Nomás cinco mendigos dólares," dijo Poncho riéndose mostrando los cinco billetes que logramos juntar entre todos.

Teníamos esperanza que Rafael y mi compa Yuca hubieran logrado conseguir algo de dinero. Paramos en la gasolinera y Poncho fue a pagar los cinco dólares. Otra vez viajaríamos sin un café y donas y no tendríamos para una cerveza para el dolor físico al final del día. El Poncho terminó de echar la gasolina y tomamos la carretera 111 para comenzar nuestro viaje. Era la rutina de las últimas dos semanas. Todos permanecíamos callados, cada uno con sus pensamientos. Nos quedaban dos días más para el día de pago. Cada día era más difícil conseguir dinero de nuestros familiares y amigos. Todos estábamos quebrados. Habíamos tenido una cosecha muy pobre y después del cruel verano todos estábamos igual de jodidos. En dos días recibiríamos el alivio de un buen cheque, pero esos días parecían interminables. El dolor de mi pierna era una constante tortura. Mi preocupación se pasaba de estar bien quebrado a quedarme tullido para el resto de mis días. Yo conocía varias personas que habían enfrentado condiciones semejantes a las mías y se habían quedado tullidos para siempre. La mayoría de los trabajadores lastimados no tenían el valor de enfrentar a los seguros de trabajo. Eran ignorados y abandonados indefensos a enfrentar un miserable futuro. Esa idea era terrible pues yo dependía de mi habilidad física para sostener mi familia. Yo estaba determinado a pelear de cualquier manera para recibir la ayuda que merecía. Yo le había dado tanto a la industria y lo menos que podían hacer era darme atención médica apropiada.

Trabajé todo el día con un dolor intenso. Era obvio lo grave de mi torcedura y lo único que hacía al continuar trabajando era prolongar mi agonía y empeorar mi lesión. Al final del día le pedí al mayordomo la aplicación para compensación de trabajo. El hombre dudoso me dio las formas.

"Espero que no te estés haciendo pendejo," me dijo enojado. Yo no acostumbraba a aguantar ningún insulto de nadie, pero en éste momento no necesitaba problemas adicionales y permanecí calmado. Discutimos la posibilidad de que la lastimadura de mi pierna hubiera ocurrido en otra parte y mi intención era de culparlos a ellos para obtener su seguro. Después de varias amenazas, el mayordomo me dio todos los documentos necesarios e indicaciones de donde se me haría la evaluación inicial en una clínica del seguro. Me preocupaba no poder consultar a un doctor de mi elección hasta después de un mes del reporte inicial. Se oía que los servicios de las clínicas eran limitados y que los doctores eran partidarios de los seguros. Siempre regresaban a trabajar a los pacientes sin darle importancia a las lastimaduras. Sin ayuda médica y asistencia económica sus opciones eran limitadas. Muchos regresaban al trabajo solo para agravar su lesión quedándose tullidos por el resto de sus vidas.

Los primeros días fueron un infierno. Todo me salió mal. La situación afectó mi vida social y emocional así como mi habilidad de cumplir con mis responsabilidades económicas. Y el dolor; este incrementaba al pasar de los días. Mi familia tenía planes para asistir a la graduación de mi hermana María Luisa de la Universidad de Guadalajara. Ella era la primera en recibir una educación en mi familia y mi madre animaba a todos a ahorrar dinero para el viaje. Mi esposa y mis hijos estaban emocionados por ir, pues les gustaba mucho Guadalajara. Hacía mucho tiempo que no tomábamos unas vacaciones. Pero ahora, con esta dolorosa lastimadura y después de una cosecha tan pobre, las posibilidades de ir eran muy pocas. Yo tenía un carro que quería vender para poder cubrir los gastos del viaje. Animé a mi esposa que fuera con los niños mientras yo me quedaba en casa para poder cumplir con las citas del doctor y empezar el tratamiento. Yo no hubiera podido con el viaje aunque quisiera. Nada más la idea de viajar en un tren por 42 horas me daba terror. No podía quedarme en una posición por mucho tiempo pues el dolor incrementaba. Yo sabía que no aguantaría el martirio y el sufrimiento que me causaría el viaje. Además, tenía que permanecer. El seguro continuaba con sus dudas sobre mi lastimadura corroboradas por los reportes del doctor. Según él, yo estaba listo para regresar al trabajo. En realidad mi lesión estaba empeorando. Me ocasionó una significante perdida en el control en mi pie y no sentía nada de la rodilla para abajo. Mi pierna estaba entumida. El dolor nunca cesaba, día y noche me martirizaba. Me dolía en lo más profundo de mi cuerpo y alma. Me dolía estar acostado, sentado o parado; mi cara era una mueca de agonía. No estaba recibiendo medicina para aliviar el dolor y la única terapia era sumergir mi pierna en agua caliente. La terapia era obligatoria y tenía que manejar 30 millas sin ninguna asistencia, ni para la gasolina. Le imploraba al seguro de compensación para trabajadores sobre mi salud y mi posición económica. Me contestaban que se estaban basando a los reportes médicos los cuales minimizaban lo serio de mi lastimadura, al no dar alguna decisión a mi favor. Yo sabía que pasaría. El doctor junto al seguro retrasaban los beneficios médicos y financieros para tratar de forzarme a regresar a trabajar a pesar de lo serio de la lesión. Me daba mucho coraje. El estrés, el dolor y las preocupaciones me causaban frecuentes arranques emocionales. Siempre estaba de mal humor. Mis hijos preferían evitarme. Mi esposa pacientemente trataba de consolarme. Me daba masajes en la pierna y acariciaba mi pelo y amorosamente me alentaba a creer en posibles soluciones. Ella quería cancelar el viaje a Guadalajara.

"Si tú no vas, nosotros tampoco iremos. No podemos dejarte solo así enfermo como estas," ella alegaba.

"Es un infierno aquí conmigo así como estoy de furioso," yo le decía y la animaba a irse.

Sentí que las lágrimas me rodaban por la mejilla cuando le dí el adiós a mi familia. Viajaban por tren con mi madre y hermanos. Me daba tristeza verlos ir y sabía que María Elena se sentía igual. Mi esposa dudaba en irse y me imploró hasta el último momento que los acompañara. Pero ella sabía que era lo mejor para todos. Ellos tendrían unos días de paz mientras yo cumplía con el proceso del seguro de trabajo. Todos deseábamos que nuestra situación mejorara a su regreso. Cojeando llegué a mi carro y regresé a mi casa, al otro lado, en Calexico.

Por un buen rato caminé en círculos en mi casa vacía; luego me senté en el sillón. Estaba triste, cansado y solo. Era el comienzo de una larga y dolorosa espera a que mi lastimadura mejorara. Esperaba que la soledad me ayudara a encontrar serenidad. Necesitaba enfrentar la situación calmadamente, y hacer las decisiones correctas. Por ahora, lo único que podía hacer era esperar. Me fui a una de las recamaras de los niños y saqué un colchón a la sala enfrente de la televisión. Luego fui a mi recamara y de bajo de la cama saqué una botella de brandy, "Presidente," decía la etiqueta. Me preguntaba si el "Presidente" podría calmar mi terrible dolor. Tal vez si me pongo bien borracho el dolor se retiraría y así poder dormir y olvidarme de mis problemas por unas horas. Sonreí ante la idea y me tomé el primer trago. Hice gestos al impacto del fuerte licor que bajaba por mi garganta. Me relamí la boca chupando un limón con sal, esperando que el jugo calmara el fuerte sabor. Al tercer trago mi boca y garganta se impusieron al ardor ocasionado por "el Presidente." El dolor se calmó con la intoxicación. Intenté ver televisión pero no podía concentrarme en los programas. Mi mente se extraviaba. No lograba evitar los malos pensamientos. Aún continuaba perplejo al trato que se me dio por el seguro y sus doctores. No podía creerlo. Después de tantos años de trabajar en esta industria y esta era la forma de compensarme. Deje escapar un grito de rabia que hizo eco por la solitaria casa. Les había dado mis mejores años, toda mi juventud trabajando en los campos y ahora era un tullido sin poder trabajar. Lo único que me quedaba era el dolor de mi inútil pierna. El malestar se había retirado por el fuerte licor, pero seguro y regresaría cuando los efectos cedieran.

Me repetía a mi mismo, "¿por qué me sucede esto a mí? ¿Por qué?" Grité, sollozando, sacándome la rabia. Me recosté en el colchón pensando. Recuerdos de mi niñez pasaron por mi mente como una película. Las imágenes de la primera vez que vine a California eran claras. Era muy claro el recuerdo de la felicidad por cruzar por primera vez la frontera con sueños de un buen futuro; sueños que se tornaron en una terrible pesadilla.

La familia Padilla posando para una foto en el parque de la garita en Mexicali, días antes de cruzar la frontera por primera vez; arriba de izquierda a derecha, Lucio, Herlinda (mamá) Rafael (papá). Abajo, Rafael (hermanito) y Silvia (Hermana)

ERA LA PRIMERA VEZ

ERA LA PRIMERA VEZ QUE cruzaba la línea. Había escuchado de ella muchas veces de mi padre quien cruzaba la línea a diario para trabajar en los campos. El decía que todos hablaban inglés, una lengua muy extraña que yo escuchaba solo de gente que sabía pocas palabras o frases, como mi padre quien se divertía hablándonos, presumiendo que lo hablaba casi igual que los gringos. También lo había escuchado de algunos niños del barrio quienes sacaban sus juguetes comprados en el otro lado. Presumían que sus padres siempre les traían juguetes maravillosos y deliciosas golosinas que no se podían comprar de este lado de la frontera. Yo siempre tenía sueños de cruzarla, pero no podía imaginar como sería. En mi mente era como algo mágico con cosas fantásticas para jugar o comer. Me imaginaba hermosos jardines llenos de flores con juegos para los niños y donde la gente pudiera descansar. No podía esperar el día en que cruzaría. Yo sabía que sería pronto según unas conversaciones que escuché de obtener nuestros papeles, nuestras propias micas próximamente.

Era muy temprano por la mañana cuando llegamos a la garita de Calexico, California. Todos estábamos muy nerviosos, menos mi padre quien estaba familiarizado con el proceso de presentar sus documentos y ser interrogado por un hombre blanco muy alto hablando Inglés.

"Dónde estar sus documentos," decía el hombre en un español muy chistoso que casi no se le entendía. Casi solté una carcajada cuando lo escuché, pero me contuve pensando que se molestaría y no me dejaría cruzar. Finalmente nos dejaron pasar la revisión aduanal. Caminamos cruzando la calle Primera y continuamos rumbo a la calle Segunda, era el centro donde estaban todos los negocios. Luego se vio la diferencia; las calles estaban pavimentadas y muy limpias. Las tiendas eran similares a las del otro lado pero con mejor apariencia. La diferencia más notable eran las cosas dentro de las tiendas. Había muchos juguetes y cosas para comer; algunas eran extrañas, pero tenían un aroma delicioso. Mi padre dijo que probaríamos los "hamburguers y hotdogs" más tarde, después que lleváramos nuestras cosas a nuestro nuevo apartamento.

"Qué son hamburgers y hotdogs," le pregunté.

"Ya verás después," contestó mi papá.

Caminamos por muchas cuadras para llegar al apartamento. Al caminar vimos las casas, viejas pero muy bien cuidadas, y todos los patios tenían pasto y árboles. En mi viejo barrio en Mexicali, las casas eran viejas y en ruinas; algunas estaban echas de recortes de madera o adobe, algunas tenían el piso de tierra y los patios estaban desolados. No había banquetas o pavimento y las calles estaban tan llenas de hoyos que era difícil para la gente manejar su auto en ellas. Después de caminar por un buen rato llegamos a un parque. Había muchos juegos para los niños: columpios, resbaladeros y lo más emocionante de todos, un volantín. Nuestro apartamento estaba al cruzar la calle del parque. Mi hermana Silvia, de siete años de edad, y yo, de nueve años de edad estábamos muy emocionados. Era realidad que viviéramos al cruzar la calle de un parque con tantas cosas para jugar y divertirnos. Nunca habíamos experimentado tanta emoción. Hasta mi hermano Rafael quien solo tenía tres años de edad estaba emocionado. Nuestro apartamento era muy pequeño: una recámara y una combinación de cocina y comedor muy chicos. Silvia,

Rafael y yo dormíamos en el suelo sobre algunas cobijas mientras que nuestros padres y mi hermana María Luisa, de solo ocho meses, dormían en la única cama del apartamento. A pesar de vivir apretujados, éramos muy felices porque era mucho mejor de lo que teníamos en nuestro viejo barrio, o al menos eso era lo que aparentaba. Lo más emocionante, por ahora, era vivir al cruzar la calle de un parque con árboles para subir y juegos para divertirnos.

Nuestra primera visita al parque fue una experiencia inolvidable. Cuando llegamos estaban unos niños. Solo hablaban inglés y no los entendíamos. Fue una sensación muy rara al escucharlos, que después sentí muchas veces en los primeros meses de vivir al otro lado. Mi hermana y yo volteamos a vernos sin saber que hacer y tratamos de comunicarnos con los niños pero fuimos rechazados y decidimos jugar nosotros solos. Ese día jugamos en los columpios y los resbaladeros y después nos sentamos a ver a los otros niños jugar en el volantín. Esperamos hasta que los otros niños se fueran para intentar pasearnos en el. Yo empujé el volantín de igual forma en la que había visto a los otros niños hacerlo. Cuando daba vuelta a gran velocidad, brincaba en la plataforma para pasearme a un lado de mi hermana que me esperaba bien agarrada de un estribo con el miedo de caer reflejado en su cara. El volantín giraba a gran velocidad y como estaba ladeado, nos lanzaba de arriba abajo al dar vueltas. De primero casi me caigo cuando lo empujé lo más rápido que yo podía y me subí de un brinco. Después de un rato dominé los movimientos de empujar y subir a la base del volantín y cada vez la podía hace girar mas rápido. Era fantástico ir al parque; era la primera vez que nos divertíamos tanto, pues nunca habíamos tenido acceso a juegos tan emocionantes. En mi viejo barrio teníamos que ingeniarnos los juegos. Por muchos meses nuestra calle estuvo bajo renovación. Excavaron una zanja muy honda para el drenaje nuevo que corría de lado a lado de la calle. Los autos no podían transitar por ahí de modo que los niños podían jugar en las montañas formadas por la tierra de la zanja. Jugábamos guerritas y nos lanzábamos bolas de lodo. Otra actividad popular para los muchachos del Barrio era el boxeo. Había varios boxeadores profesionales que vivían alrededor y durante las tardes nos juntábamos a verlos entrenar. Se nos animaba a aprender a golpear con los puños. Era común tener torneos donde los muchachos del barrio peleaban entre si en categorías por edad y peso.

Extrañaba mis amigos, y aquí en mi nueva casa no tenía ninguno. No me podía comunicar con otros niños. Mi hermana y yo nos preguntábamos si algún día tendríamos amigos. Teníamos que aprender a hablar esta extraña lengua.

La barrera del idioma se incrementó cuando empezamos la escuela. El primer día fue desesperante. Nos frustraba e intimidaba escuchar a toda la gente hablar y no lograr entender. Se sentía como vivir en otro planeta. Éramos tímidos y titubeamos acercarnos a otros niños. Nadie hablaba español; no se permitía, y sin tener conocidos era más difícil para familiarizarte con otros. Es muy difícil ser nuevo en la escuela y hacer amigos sin poder hablar el idioma. Eso fue algo que siempre odié los primeros meses que viví en California. Mis padres, siendo trabajadores de temporada se emigraban constantemente siguiendo las cosechas. Hubo veces que nos mudamos hasta seis veces en un año. En algunas ocasiones, mi hermana y yo acabando de hacer un amigo cuando teníamos que cambiarnos de nuevo y una vez más volvíamos a ser los niños nuevos en otra escuela extraña.

Mi hermana y yo hacíamos un gran esfuerzo para aprender el inglés. Fue una suerte que nos recomendaran a una clase que se tomaba temprano por la mañana. Comenzaba a las 7:00 AM y duraba una hora. El maestro se llamaba Sr. López quien era muy amigable y siempre nos animaba a aprender el lenguaje. Nos enseñó muchas estrategias efectivas.

Recuerdo que nos decía, "entre mas practiques tu vocabulario, más pronto aprenderás a hablar inglés. Agrega cinco palabras, diario, que necesites en tus actividades, y úsalas lo más posible. ¡A diario! Domínalas para incrementar tu fluidez al hablar."

Mi hermana y yo lo tomamos muy en serio. Hablábamos las palabras que aprendíamos a diario y las conservábamos archivados en una libreta. Las repetíamos constantemente y pretendíamos ser americanos y conversábamos en inglés. Nos divertíamos hablando con gente de nuestro barrio y usando las palabras en inglés que sabíamos en combinación con palabras que inventábamos. "Ey, helo my frend, wishi washu washa?" Que quería decir, según nosotros, "¿hola amigo quieres jugar?". Nuestros amigos y familiares quedaban impresionados y felicitaban a nuestros padres por lo rápido que estábamos adquiriendo el inglés, sin imaginarse que la mayoría de nuestras palabras eran inventadas. Mi hermana y yo bromeábamos planeando el significado de nuestro vocabulario inventado y lo practicábamos en casa, nos causaba mucha risa nuestras conversaciones.

Nuestros primeros días de escuela fueron intimidantes pero interesantes. Sentíamos como estar en otro mundo. Los salones eran muy diferentes de los de mi vieja escuela. Tenían puertas con decoraciones y el cuarto estaba repleto de pintorescas palabras que yo no comprendía. Hacia el intento de leerlas pero no tenían sentido para mi. Mi salón de clase en Mexicali no tenía ventanas ni puertas. Estábamos de suerte que teníamos un techo y un piso de cemento. Recuerdo barrerlo con mi propia escoba pues cada estudiante se turnaban una vez al mes, durante todo el año, para hacer el aseo. Las paredes de mi nueva escuela estaban pintadas y el piso era de loseta. El trabajo de los estudiantes se exhibía en las paredes en rótulos decorados con dibujos y retratos. Y también todas esas palabras….palabras que yo no podía comprender. La maestra, la señorita Charles, tenía un mesa banco lleno de retratos de su familia, adornos y cactos en miniatura. Le gustaban tanto los pequeños cactos que tenía una numerosa colección de macetitas con una gran variedad de cactos pequeños que adornaban la lava manos del salón.

La primera vez que entré al salón, los estudiantes me miraron con curiosidad y se escucho un murmullo entre ellos. Yo sabía que hablaban de mí, pero yo no entendía. Sin tan siquiera pudiera entender lo que decían, trataba de imaginarme. Aparentemente la maestra me había presentado a su clase de tercer año. Algunas de las muchachas se sonrieron y se miraron entre si murmurando quien sabe que. La señorita Charles era muy amable pero firme. Su clase siempre trabajaba en silencio. Los estudiantes le tenían afecto y la trataban con respeto. Su forma de enseñar era muy interesante hasta para mí que no le entendía nada de lo que decía. Los visuales, gestos y ademanes que ella usaba hacían la lección comprensible. Mi materia favorita eran las matemáticas; yo era el mejor para multiplicar y dividir. Lo mejor de todo era que no necesitaba saber inglés para entender los números. Estaba prohibido hablar Español durante las clases, pero durante el recreo aprendí, preguntándole a los demás estudiantes, a decir lo mas esencial. Pedir permiso para ir al baño era la primera y más importante frase que mi hermana y yo aprendimos el primer día de clase. Con el tiempo aprendimos muchas palabras y frases del Sr. López, nuestro maestro de inglés quien siempre nos animaba. Siempre era bien amable y amistoso con todos los recién llegados. El señor López sabía como animarnos a aprender el idioma rápidamente. Yo coleccionaba palabras a diario. Buscaba su significado y siempre buscaba con quien practicarlas. Primero era nada más con mi hermana, pero después, al hacer amigos, podía practicar con alguien más. Muy pronto mi hermana y yo hablábamos con frases completas y verdaderas, las que mi hermana y yo inventábamos las usábamos solo para impresionar a nuestros padres y amigos que no hablaban el idioma. Tratábamos de no usar nuestro juego de inglés con personas que sabían por miedo a ser ridiculizados. Unas semanas después de haber cruzado la frontera por primera vez y de ir a la escuela Rockwood, nuestra primera escuela, se llegó el momento de mudarnos y seguir la cosecha. Apenas nos habíamos acostumbrado a la rutina y habíamos hecho amigos con quien comunicarnos. Era una sensación extraña saber que una vez más se había llegado el momento de movernos a un lugar extraño e incierto. Sentía un vació en mi estomago y un sin fin de ideas cruzaron por mi mente sobre la soledad y lo difícil de adaptarse a lugares y gente desconocida.

"¿Qué nos estará esperando?" Pensaba.

Escuchábamos a nuestros padres hablar muy emocionados sobre el tema. Decían que iba ser beneficioso para nosotros, que había mucho trabajo cosechando lechuga y ganaríamos mucho dinero. Mis padres nunca habían hecho esta clase de trabajo pero un amigo de mi padre los invitó a Salinas, California. El se comprometió a ayudar a establecernos y encontrar trabajo. Era muy triste tener que mudarnos.

"Acabábamos de hacer amigos," nos quejamos. "Bamos bien en la escuela," alegamos. "Estamos progresando en aprender la lengua," imploramos.

Pero mi padre no quería escuchar y mi madre calmadamente aceptaba que era lo mejor para todos nosotros.

MI PRIMERA PEREGRINACIÓN

ERA MUY TEMPRANO; TODAVÍA NO salía el sol. Habíamos empacado todas nuestras pertenencias en tres maletas grandes y una caja. No teníamos mucho; nuestra ropa, algunos utensilios de cocina, un reloj despertador y un radio. Don Juanito, el amigo de mi papá, y su hija Ana nos recogieron en su carro. Era un Ford muy grande de cuatro puertas muy bien conservado.

"Le acabo de dar un tune-up," presumió. "Salinas esta muy lejos, algunas 550 millas, pero mi carro esta en muy buenas condiciones y llegaremos. Será un viaje largo y tendremos que cruzar Los Ángeles. Debemos apurarnos para evitar el tráfico o nos demorará aun más."

"¿Cual tráfico? Le pregunté a Don Juanito.

"¡Oooohhhh, ya veras! Se rió. "Nunca has visto tantos carros juntos en tu vida," respondió.

Metimos algunas de nuestras cosas en la cajuela del carro con el otro equipaje. Una de las maletas estaba demasiado grande, por lo cual la pusimos en la parte de abajo, en seguida del asiento trasero donde yo iba sentado. Mi mamá sugirió que era un buen lugar pues yo era muy pequeño. Yo me podía sentar y subir los pies sobre la maleta.

"Iras un poco incomodo, pero tu eres un niño fuerte," ella dijo animándome con su sonrisa.

Ella sabía que yo no me quejaría.

Íbamos muy apretados en el carro con cuatro adultos y cuatro niños. Mi hermana iba en frente con Don Juanito y Ana. En el asiento de atrás nos sentamos mi mamá y mi papá cargando un niño cada uno y claro iba yo con mis pies sobre la maleta grande.

Comenzamos nuestro largo viaje a Salinas. Al principio no se miraba nada, estaba muy oscuro, y los niños se quedaron dormidos. Yo me mantuve despierto; me gustaba ver por la ventana las cosas interesantes en el camino. Yo recordaba el viaje de Guadalajara a Mexicali unos años antes. Viajamos en tren por tres días y noches; era un viaje más largo que este. Este viaje era más corto pero más emocionante. Me la pasaba imaginando cuantas cosas miraría por la carretera. Estaba ansioso de ver el denso tráfico de la carretera 101 en Los Ángeles.

"El Camino Real," decía don Juanito, refiriéndose a la carretera 101 en la que viajaríamos.

Mi papá y él platicaban de la famosa carretera casi todo el camino. Platicaron como al principio solo era un camino para los misioneros que viajaban de San Diego hasta San Francisco, y que había muchas misiones en medio donde se podía descansar después de la jornada de un día. Muchas de las misiones todavía existían y las podríamos ver por el camino.

Las primeras cien millas viajamos sobre una carretera de dos carriles. Después entramos a una carretera enorme, la interestatal 10.

"El Diez," dijo Anita.

Le preguntó a Don Juanito que si podían parar al baño en una gasolinera con un puesto de hamburguesas. Todos nos bajamos a desentumirnos. Mi mamá y papá fueron a comprarnos algo para comer.

"¿Qué es lo que quieren?" Preguntó mi mamá.

Yo pedí una hamburguesa y unas papas fritas mientras los demás pedían hotdogs. Descansamos por un rato mientras íbamos al baño. Después de comer seguimos nuestro camino. No pararíamos de nuevo hasta cruzar Los Ángeles y su denso tráfico. "El Diez" era una carretera interesante, era muy grande de tres carriles de ida y tres de vuelta. Primero había pocos carros pero según nos acercábamos a Los Ángeles el tráfico aumentó rápidamente. Pronto, los tres carriles estaban llenos de carros los cuales corrían a una velocidad muy alta. Nosotros viajábamos en el carril de la derecha donde iban los carros más lentos.

"Queremos ir seguros," dijo Ana.

A ella no le gustaba que su papá manejara muy rápido, como los demás. Con tristeza, yo miraba como todos los autos nos pasaban. A mi no me gustaba; yo deseaba que Don Juanito manejara más rápido que los demás y no se dejara pasar por nadie. Yo quería ser el número uno, más rápido que los demás. Conté todos los autos que pasamos; la mayoría eran camiones de carga grandes, casas móviles, carros averiados o carros con conductores viejitos los cuales eran más precavidos que Don Juanito. Muchos de los carros más rápidos eran hermosos, nuevos y modernos.

"Le pertenecen a los ricos," dijo Ana. "Hay muchos actores famosos viviendo en Hollywood donde hacen películas."

Todos estábamos deslumbrados y mirábamos con mucha atención los carros bonitos que nos rebasaban pensando que en alguno fuera un artista popular.

"Si hubiéramos cruzado Los Ángeles más tarde hubiera muchos, pero muchos más carros que ahora," Don Juanito nos platicaba. "Estaría tan lleno que tendría que manejar muy despacito y hasta tener que detenernos y esperar de vez en cuando."

El presumía como su decisión de salir temprano nos había ahorrado mucho tiempo. Don Juanito estaba muy orgulloso de su astucia.

Los Ángeles es una ciudad inmensa, un mar de carros viajando en gigantescas carreteras rodeadas de muchos puentes y edificios. En mi vida me había imaginado que existiera un lugar como este. Volteábamos de un lado para otro, emocionados, intentando ver todo lo que estaba alrededor. Había tantos edificios hermosos, algunos muy altos, el más alto que haya visto en mi vida. Era tan diferente a nuestro barrio en Mexicali. Me preguntaba si algún día viviríamos en una casa tan bonita como las que vimos en el camino.

"Ahí esta donde se junta el 101," dijo mi papá.

Pasamos un letrero que anunciaba que la carretera estaba cerca. Nos metimos en la carretera 101 y poco más tarde el tráfico disminuyó al retirarnos de la ciudad más grande que habíamos visto en nuestras vidas. Por una hora hablamos de todas las cosas nuevas que habíamos visto. Nos sentíamos tan afortunados. Le pregunté a mi papá y mamá si algún día ganaríamos suficiente dinero en las lechugas para comprarnos uno de esos autos nuevos. Mi papá, sonriendo nos dijo que intentaríamos comprar un carro, pero no creía que fuera a ser uno de esos, que era más probable que fuera una camioneta usada donde cupieran todas nuestras cosas y los niños para cambiarnos, siguiendo las cosechas.

"Los carros nuevos son solo para la gente rica. Nosotros nunca podremos tener uno, nosotros somos campesinos," dijo mi papá convencido de que ese era nuestro destino manifestado.

Yo deseaba que algún día, tal vez, quizás, pudiéramos tener un carro nuevo, pero dentro de mí yo sabía que era solo un sueño, un deseo no tan fácil de conseguir. Mi madre aseguraba que de cualquier forma seriamos felices. Ya éramos afortunados con estar en California, tener trabajo y un techo donde refugiarnos. Sabíamos que mucha gente estaba peor en nuestro barrio y que deseaban estar en nuestro lugar.

El Campo para los campesinos no era muy grande; tenía seis barracas largas para hospedar a 40 hombres solos cada una. Dos de los edificios eran los baños y escusados y había una cocina y comedor grande donde se preparaba y servía toda la comida para los trabajadores solos. Además, al cruzar el lote, había tres casas chicas para familias. Los edificios formaban un perímetro alrededor de un lote grande donde la gente estacionaba sus carros o jugaban diferentes juegos para entretenerse después de la jornada de trabajo. El campo estaba completamente rodeado de grandes sembradíos de lechugas. Fuimos recibidos por el campero. Primero saludo a Don Juanito quien después nos presentó al resto de la familia. Parada a un lado de la casa estaba una señora chaparrita y un muchacho alto mirándonos, sonriendo, tratando de escuchar la conversación. El campero nos explicaba que nuestra casa no estaba lista y durarían una semana para poder habitarla. Nos dijo que por lo pronto podríamos vivir en una de las barracas de las cuadrillas de lechugueros los cuales no llegarían hasta unas semanas después cuando comenzara la cosecha. Los lechugueros cosechaban la lechuga cuando estaba bien desarrollada. Por ahora la lechuga estaba chica y nuestros padres trabajarían en la cuadrilla del cortito los cuales desahijaban y escardaban los files de lechuga. El cortito es un azadón que se usaba para cortar el exceso de plantas en los surcos de lechuga, dejando solo una planta cada diez pulgadas, el espacio requerido para que la lechuga creciera apropiadamente. Era un trabajo arduo; el azadón era tan cortito que la gente trabajaba agachada y azadonando rápidamente quitando el exceso de plantas y hierbas.

El campero llevó a mi papá a un almacén a escoger unas camas y colchones. Él dijo que por lo pronto tendríamos que comprar una estufa eléctrica para cocinar pues las barracas no tenían cocina. Los hombres llevaron las camas, una mesa y algunas sillas a la barraca. Mi mamá, mi hermana y yo ayudamos a acomodar los muebles. La barraca era muy grande; en un lado mi mamá puso dos camas juntas para formar una cama grande donde dormirían mi papá, mi mamá y María Luisa. En el otro lado Rafael, Silvia y yo tendríamos una cama para cada uno. Mi mamá puso todos los trastes en la mesa, en medio del cuarto; dejó un espacio para la estufa que compraríamos al siguiente día y comentó que nos faltaba otra mesa para sentarnos a comer. La forma que mi mamá organizó los muebles daba la impresión que la barraca era una casa de tres cuartos.

Mi mamá nos despertó muy temprano, "Apúrense," dijo. "Vamos a ir a la pulga con Ana y Don Juanito a comprar las cosas que necesitamos."

Mientras nos cambiábamos. Nos contaba lo que Delfina, la esposa del campero, le había platicado a ella sobre la pulga. Delfina decía que había muchas cosas para ver y encontraríamos lo que necesitábamos a un precio razonable. Había mercancía nueva pero por lo general había cosas usadas.

"¡Si tenemos suerte podemos encontrar buenas gangas! Nada más necesitamos una estufa, pero si vemos algo que nos pueda servir lo compraremos," dijo mi papá emocionado con la visita a la pulga.

No teníamos mucho dinero pero había unas cosas que estábamos urgidos a comprar.

"Que neblina tan fea," dijo mi mamá, mientras insistía que nos cubriéramos la cabeza.

Todos decían que la brisa era mala para la salud. Afuera estaba frío por la brisa y no nos queríamos enfermar. Nos apuramos a subir al carro.

"¿Crees que nos logramos escapar de la neblina?," le preguntamos a mi mamá.

"Si, por ahora," dijo ella. "Pero siempre tienen que tener cuidado por que aquí tendremos mucha neblina a diario.

"La pulga esta en un estacionamiento del drive-in," dijo Ana.

"¿Un qué? Le preguntamos.

"Un Drive-in, es como un cine donde te metes en tu carro y desde ahí ves las películas," dijo Ana.

"¿Ver la película desde el carro?" Le preguntamos confundidos por la novedad.

Ana asintió, "tienen bocinas y las pones en tu ventana para que puedas escuchar," nos explicó.

"¿Que pasa si tu no tienes un carro?" le pregunté.

"No te dejan entrar," dijo Ana, "pero no se preocupen, yo los invitaré cuando venga," dijo riéndose.

Todos animamos a mi papá a que juntara dinero para comprara un carro pues todos queríamos ir al "Drive-in".

"Algún día, "dijo mi mamá. "Ya veremos cuando empecemos a trabajar."

En la Pulga había muchos puestos con toda clase de cosas. Todo lo que se puede uno imaginar lo puedes encontrar en la pulga. Había ropa, utensilios de cocina, muebles, aparatos eléctricos, televisiones, radios, toca discos, y muchos juguetes. La mayoría eran usados pero algunos estaban en buenas condiciones, otros no tanto. Había muchos puestos donde se vendía comida. Donde nos sentamos a comer, tenían menudo, tacos, tortas y refrescos. Miramos muchos americanos vendiendo pero la mayoría de la gente que fue a comprar eran trabajadores del campo mexicanos. Todos iban en busca de ofertas y de los artículos esenciales para pasar la temporada. Don Juanito decía que era mejor comprar las cosas usadas; eran baratas y la gente no sabía si se las podrían llevar a un lugar lejano donde irían a seguir la cosecha. Era limitado lo que se podía poner en el carro. No costeaba comprar cosas nuevas y caras pues cabía la posibilidad de tener que regalarlas o abandonarlas en algún basurero.

Mi papá encontró una estufa eléctrica. Parecía estar en buen estado.

El americano dijo," Es muy bueno, es muy barato, cómpralo ándale. Cuesta solo veinte dólares."

Mi madre empezó a regatear; ella era buena para tratar pues era común en México.

"La gente pobre tiene que regatear pa' hacerla," siempre nos decía de consejo.

Mi papá termino por pagar solo doce dólares por la estufa, y nos dijo que compraríamos otras cosas con los que nos sobró. Mi hermano y hermana querían juguetes, pero todos deseábamos una televisión más que nada.

"No," dijo mi papá, "hasta que estemos establecidos. Después podremos comprar lo que quieran."

Fue divertido ir a la Pulga; conseguimos las cosas que necesitábamos y mi mamá compró una pelota pequeña y un triciclo para jugar. Yo era demasiado grande para un triciclo pero yo podía ayudar a los más pequeños a pasearse. Yo estaba impuesto a jugar con ellos; a veces eran los únicos con quién jugar y todos nos acoplábamos lo mejor posible.

"Tu eres el mayor," mi mamá me decía, "y tienes que ayudar a tus hermanitos.

Era muy temprano cuando mi mamá nos despertó; teníamos que arreglarnos para ir a inscribirnos en nuestra escuela nueva. Para bañarnos, teníamos que caminar cincuenta metros a los baños comunales pues nuestra barraca no tenia estos servicios. Nos apuró a cambiarnos. Mi hermana empezó a quejarse llorando. Tenía miedo bañarse en un baño tan grande y con tantas regaderas al descubierto. Siempre se preocupaba que la fueran a ver desnuda.

"Me van a ver," decía llorando.

Al salir nos cubrimos la cabeza con las toallas para protegernos de la brisa; era tan densa que se sentía como lluvia. Caminamos hacia una luz al cruzar el lote. Era lo único que se miraba a través de la densa neblina. Mi mamá se aseguró de que no hubiera nadie adentro de cada baño, el de los hombres y mujeres, y nos abrió las llaves del agua asegurándose que la temperatura fuera apropiada y nos insistió tallarnos detrás de los oídos mientras ella hacia guardia en la puerta. Nos bañamos y secamos rápidamente; estaba muy frió y no estábamos impuestos. Nos cambiamos, nos cubrimos la cabeza, y nos encaminamos a nuestra barraca.

Mi mamá nos hizo desayuno y nos comentó que Delfina se había ofrecido a llevarnos a la escuela en su carro; estaba muy lejos del campo para caminar. Al regreso nos vendríamos en un camión escolar con Fernando.

"Lo importante es inscribirlos," dijo Delfina.

Nos subimos al carro y saludamos a Fernando.

"¡Good morning!" nos dijo en inglés.

Le contestamos en español, "buenos días."

Nos preguntó nuestros nombres en inglés y de nuevo le contestamos en español. Me sentía incomodo hablar con un extraño con el poco inglés que sabía. Estaba nervioso y podía ver que mi hermana también lo estaba. Para llegar a la calle principal, teníamos que manejar por un corto camino de tierra que bordeaba uno de los files de lechuga. En la esquina se encontraba un puesto de hamburguesas que tenia un enorme gallo blanco arriba.

"¡Mira un gallo enorme!", dije yo. Le pregunté a Fernando, "¿Que es?

"Es un puesto de hamburguesas llamado Dairy Queen. Venden hamburguesas, refrescos y nieve. A mi me gusta la que sumergen en chocolate mas que nada," él nos contestó.

Mi hermana y yo miramos a Fernando confundidos, no acabamos de entender lo que nos dijo en inglés, sabíamos unas palabras y frases pero no lo suficiente. Le pregunté que mejor nos lo dijera en español.

"¿No hablas inglés?" Me preguntó.

Ahora, el confundido era él. Trató de explicarnos pero con mucha dificultad.

"No es muy fluido en español", nos comentó Delfina. "La única razón que habla un poco es porque yo no hablo el inglés muy bien y yo insisto que el aprenda a hablar en los dos idiomas. Como no esta conmigo todo el tiempo, no tiene con quien practicar."

"Les hará bien a ustedes," dijo mi mamá. "Ustedes le enseñan español a Fernando y aprenden inglés de él.

Desafortunadamente Fernando no estaba en nuestras clases. Estábamos en diferentes grados. Hubiera sido una magnifica manera de adaptarnos a esta escuela.

Mi mamá tenía que llenar las formas de inscripción y mostrar la tarjeta de vacunas. La secretaria también pidió nuestros documentos de residencia y mi mamá con mucho orgullo los mostró.

"Nada más tenemos unos meses aquí, están nuevecitos," mi mamá trató de explicar.

La mujer miró a mi mamá y sonrió al darle las gracias. Mi mamá estaba tan emocionada que nos hubieran aceptado, pero inmediatamente se preocupó cuando le dijeron que nos quedaríamos y regresaríamos a casa en el camión escolar. Delfina le aseguró a mi mamá que todo saldría bien. Fernando les ayudara a ambientarse y regresar a casa.

"Aprenderán y lo podrán hacer solos muy pronto, así como todos los demás alumnos," dijo Delfina.

Mi mamá nos dio treinta y cinco centavos a cada uno para pagar el almuerzo.

"No vayan a perder el dinero, si lo hacen se quedaran sin comer," dijo mi mamá al despedirse.

La escuela Santa Rita nos intimidó más que Rockwood. La maestra era amigable pero no tenía mucho control sobre los alumnos y seguido se enfurecía. Había veces que me alegraba no entender lo que decía cuando los alumnos la hacían enojar. Durante la primer parte de la clase hicimos escritura y lectura. A mi me gustaba leer; yo podía leer muchas palabras por mis habilidades en español pero todavía no entendía el significado de la mayoría. Extrañaba al señor López de la escuela Rockwood; aquí no tenían a nadie que nos ayudara, algo que yo no podía entender. No podía comunicarme como lo estaba haciendo unos días antes en Rockwood. Me sentía tonto. Mas tarde hicimos matemáticas; Me alegraba llegar a esa materia porque podía probar que era un buen estudiante. Yo era muy bueno para la multiplicación y división. Yo tenía ventaja con las habilidades que aprendí en la escuela de Mexicali pues eran más avanzadas que las que tenían los alumnos de mi clase. Durante unas competencias de las tablas de multiplicación obtuve el primer lugar. Mi maestra estaba impresionada y sonriendo me palmeó el hombro en muestra de aprobación. Ahora sí deseaba saber lo que decía, pero aun así sin entender, sentí una gran sensación de aceptación. La escuché decir mi nombre, entre otras palabras al resto de la clase. Ella y yo sonreímos, pero había unos estudiantes que no les pareció y estaban malencarados. Como en todos lados, experimenté que siempre hay un bravucón o dos quienes hacen miserable la vida de los alumnos nuevos, y yo era el alumno más nuevo. ¡Oh Dios! De pronto presentí que no me iba a ir bien durante el recreo.

Sonó la campana que anunciaba la hora del almuerzo y la clase formó una fila y caminó hacia el comedor. Metí mi mano al bolsillo para sacar el dinero pero únicamente encontré, una "Quater," la moneda de veinticinco centavos. Busque el "daim", la moneda de diez centavos, pero no pude encontrarla. Me preocupé; no podría comprar mi almuerzo. Seguí la fila de alumnos pensando que hacer. Vi como una señora mandó a unos alumnos a una oficina a un lado del comedor. Puse mucha atención y me imaginé que tenían el mismo problema de dinero que yo. Al aproximarme traté de escuchar lo que decían. En frente de mi estaba uno de los bravucones de la clase que tampoco tenía suficiente dinero.

"Ve a esa oficina y diles que te presten una moneda de veinticinco centavos y luego regresas," figuré que le dijo la mujer al bravucón en inglés.

Al llegar a la señora le enseñé mi moneda, respiré profundo y dije "No jav daim."

Ella sonrió y basado en sus señas y gestos me imaginé que me dijo, "¡Ohh! Perdiste tu dinero." Apuntando hacia una puerta me dijo, "Ve ahí."

Me sentí más tranquilo; si almorzaría después de todo. Entré a la oficina, me formé en una pequeña fila y continué escuchando. Quería averiguar que decir. Enfrente de mi se encontraba formado el bravucón. Voltió y me dijo algo que no entendí. Su expresión y tono de voz no reflejaban nada bueno. Yo nada más sonreí. Él seguía y se voltió con la señora quien apuntaba los nombres y prestaba el dinero a los alumnos.

""I lost a quarter," dijo el bravucón aparentemente explicando que perdió su peseta.

Yo escuché atentamente pensando que decir basado en lo que el otro alumno había dicho. Era mi turno y yo estaba muy nervioso.

"I em a daim," dije, equivocándome.

Desconcertado, escuché una carcajada de los estudiantes; Se estaban burlando de lo que había dicho. Por querer decir "y yo perdí un diez," dije que yo era un diez. Sentí que el piso se hundía bajo mis pies. Me sentía tan avergonzado. Lo peor es que de reojo vi al bravucón riéndose y repitiendo lo que yo había dicho y animando a los demás alumnos de burlarse de mi. La señora regañó a los alumnos y los corrió.

"It is OK," me dijo, asegurándome que todo estaba bien.

Me entregó el diez y apuntó hacia el comedor. Entre al comedor y después de pagar seguí la fila de alumnos para recoger mi plato de comida. Quería hacerme invisible para que nadie pudiera verme, especialmente los alumnos que habían escuchado lo que dije.

"¡Que tonto fui!" Pensé. "Pude haber dicho, "mi want won daim."

Pero ya era irremediable. Busqué a Fernando; mi hermana había salido a desayunar más temprano con los alumnos más chicos. Vi a Fernando esperándome; crucé entre las mesas para llegar a él más pronto cuando escuché un silbato. No estaba permitido cortar camino entre las mesas y tenía que sentarme con el grupo que entré. El pitido atrajo la atención de muchos alumnos. Yo sentí que todos se me quedaban viendo, burlándose de lo que yo había dicho. Sentía sus miradas siguiéndome, y mientras yo comía lo más rápido posible para salir de ahí.

Cuando terminamos de comer, nuestra mesa fue despachada y nos dirigimos al campo de recreo. Afuera encontré a Fernando quien me estaba esperando.

"¿Que te pasó?" Me preguntó sonriendo.

Había escuchado del incidente.

"Que burrada, seré el hazme reír de todos, mejor ya no voy a hablar." Me dije a mi mismo con un gesto de preocupación.

Caminamos hacia los columpios. Fernando me repetía que todo estaba bien, pero burlesco me previno que se burlarían de mi mínimo una semana. Todo el día pensé en mi situación. Si hablo se reirán de mi; y si no hablo no aprenderé.

Intenté evadir al bravucón pero era imposible. Siempre encontró la manera de burlarse de mí. No le tenía miedo, me preocupaba meterme en un problema. Mi mamá se preocuparía y eso era lo último que yo quería ocasionar. Yo sabía que podía pelear con él. Ya antes había peleado con otros niños en mi barrio. Yo había participado en torneos de box, saliendo victorioso en varias ocasiones. También había jugado en un equipo de fútbol. Yo era chaparrito pero muy fuerte. Pero una vez que me peleé en la escuela, me suspendieron y mi mamá se preocupó mucho.

"Pórtate bien," me decía.

Mi mamá quería que fuera a la escuela y aprendiera, así que siempre trataba lo mejor posible de evitar los problemas.

Después, por la tarde, nos formamos y una de las niñas se encargó de tomar dos pelotas para jugar. Parecían pelotas de fútbol; del mismo tamaño pero más lisas. Era la clase de educación física y la maestra nos dijo que jugaríamos "kick ball".

"¿Patear la pelota?" Me quedé pensando como se jugaría ese juego.

Caminamos hasta un pequeño campo de béisbol. Yo había jugado béisbol en mi barrio, pero este juego era diferente. Algunos alumnos se pusieron en posición como si fuera béisbol pero en vez de batear, pateábamos una pelota grande. La atrapábamos con las manos y la tirábamos a las bases para hacer el out.

Me reí conmigo mismo, pensando, "qué mensos, qué juego tan tonto; por que no mejor jugamos béisbol."

La mayoría de los alumnos no sabían patear y se miraban tan chistosos al fallarle la patada a la pelota. Me costaba trabajo mantener mi compostura y evitar reírme de ellos. Uno de los bravucones hasta se cayó cuando pateó el suelo en vez de la pelota. Todos se burlaron del bravucón hasta que la maestra intervino. Los alumnos que si lograban patear la pelota, le daban muy despacito o sin dirección. Luego me tocó mi turno. Me tomó de sorpresa cuando la maestra me nombró. Me dirigí dudoso a la base; quería estar seguro que era mi turno. Uno de los estudiantes, que la hacía de pitcher, aventó la pelota rodando hacia mí y la pateé muy fuerte. Todos gritaron emocionados cuando vieron que la pelota voló muy lejos hasta el fondo del campo.

"¡Home run!" Gritaron, "¡Corre, corre, Hurraaaa!"

Estaban emocionados. Mientras corría alrededor de las bases, algunos niños correteaban la pelota en el fondo del campo. Ahora no pensaba que Kick bol era un juego tonto; me ayudó a hacerme popular en mi clase. Parecía que empezaría a hacer amigos después de todo.

Al final del día, me dirigí al área de abordaje de los camiones a buscar a mi hermana y Fernando. Vi a Fernando haciendo señas y a mi hermana con sus útiles a un lado. Me apuró para escoger un buen asiento en el camión. En el camino a la casa intercambiamos nuestras experiencias. Bromeamos un poco sobre el incidente del daime. Éramos los últimos en bajar del camión. Nos bajamos en la esquina donde estaba el "Dairy Queen". Platicamos de lo maravilloso que sería probar una nieve zambullida en chocolate.

"Hay tres tamaños: chico, mediano y grande, y cuestan cinco, diez y quince centavos. Los grandes llevan dos cucharadas de nieve de vainilla cubiertos de chocolate. Yo prefiero los chicos de una cucharada. Es el tamaño perfecto. Además, es más fácil conseguir un cinco que quince centavos," dijo Fernando.

Todos nos reímos en acuerdo sobre el costo de la nieve mientras continuamos con nuestra larga caminata hacia el campo.

Mi mamá nos esperaba en la puerta y dejó escapar un suspiro de alivio cuando nos vio llegar.

"Que bueno que llegaron, estaba preocupada," dijo ella.

Su preocupación desapareció cuando vio lo emocionados que estábamos. Le platicamos los sucesos mientras nos servía la cena.

"Su papá llegara pronto. Dijo que recibiría un avance del pago de hoy y nos llevara a probar las hamburguesas y las nieves en el gallo," nos dijo entusiasmada sabiendo que nos encantaría la sorpresa.

Más tarde caminamos asta el "Dairy Queen". Desde lejos, podíamos ver el grandioso gallo blanco con su cresta verde. Según nos acercamos se veía más grande. De lejos nos daba el aroma de las hamburguesas y las papas fritas. Pero lo que yo deseaba era la deliciosa nieve. Me preguntaba si estaba tan buena como se miraba.

Una semana después, nos cambiamos a nuestra vivienda familiar. No era muy grande la casa pero tenía todos los servicios adentro. Había dos cuartos: la recamara y una combinación cocina comedor y sala. La cocina tenía una estufa de gas; ya no había necesidad de la estufa eléctrica que habíamos comprado unos días antes.

"La guardaremos para otra ocasión," dijo mi mamá, anticipando que pronto nos mudaríamos de nuevo.

Lo mejor de la nueva vivienda era el baño interior. Era privado, nada más para nuestro uso. Nadie podría verme desnudo y ya no sufriría fríos al bañarme.

Al siguiente domingo mi mamá nos despertó muy temprano.

"Vamos a la pulga. Apúrense," ella nos dijo.

Tenía prisa de ir a la pulga. Mi mamá había empezado a trabajar y ahora la familia recibió dos cheques. Teníamos una mejor vivienda y mi mamá pensó que era buena idea de conseguir una televisión.

"Tal vez podamos encontrar una en la pulga," dijo mi mamá.

Habíamos visto unas la ultima vez que fuimos y estaba emocionada que al fin podríamos tener nuestra primer televisión.

La pulga estaba llena; era el pasatiempo de los trabajadores del campo. No había mucho que hacer en Salinas o en pueblos circunvecinos. Había solo una estación de radio que tocaba música mexicana y nada más por dos horas en las tardes. El cine pasaba películas mexicanas solo los miércoles por la tarde y los sábados. Las películas eran muy viejas; del Piporro, Pedro Infante Y Luis Aguilar. A veces ponían películas del Santo. Siempre pedía que me llevaran a verlas; era nuestro luchador y estrella de cine favorito. Él siempre peleaba contra los malos y muchos monstruos. La audiencia eran todos trabajadores del campo que echaban porras emocionados. Viendo al Santo derrotar criminales se olvidaban por un rato de sus penas.

Mi mamá encontró una televisión blanco y negro chica.

"La televisión es chica. No ocupara mucho lugar en el carro cuando nos mudemos," dijo ella. "Está bien por ahora."

Mi mamá negoció un buen precio. Solamente treinta dólares y se nos permitió calarla antes de pagarla. La televisión funcionaba bien pero tenía un pequeño problema; el botón de los canales estaba flojo. Lo solucionamos usábamos un papel doblado para aplicar presión y mantenerlo en una posición donde se viera bien la imagen. En realidad no era de mucha importancia pues nada más podíamos ver un canal. Una vez que ajustábamos el botón, no teníamos que moverlo otra vez. Los únicos programas que nos gustaba ver eran caricaturas y solamente las daban el sábado por la mañana. Era nuestra primera televisión y estábamos muy contentos de tenerla, a pesar de que no entendíamos lo que se decía en la mayoría de los programas. Deseábamos que se llegara pronto el sábado; que el tiempo se fuera pronto para ver las caricaturas en nuestra televisión.

En la escuela todo marchaba bien; los bravucones me dejaron en paz y algunos hasta me hablaban y me dejaban jugar los juegos populares durante el recreo. Aprendí a jugar "four Squares" y "tetherball." Siempre trataba de ser el mejor en todo. Mejoramos nuestro inglés y podíamos comunicarnos más con los alumnos y el personal. También logramos hacer amigos nuevos. Siempre me intrigó que alumnos mexicanos se rehusaban a hablarnos en español y fingían no entendernos. Algunos lo hablaban un poco pero muy raro.

"No comprender," decían. "No hablando español."

Les platicamos a mi mamá y mi papá y nos bromearon diciéndonos que nosotros haríamos lo mismo cuando aprendiéramos a hablar correctamente.

"Cuando vayamos a Guadalajara ustedes pueden hacer lo mismo. Le pueden decir a sus amigos "no entender que decir," mi papá nos dijo bromeando.

Todos nos reímos, pero sabíamos que no seríamos así. Talvez los alumnos solo seguían las reglas, estaba prohibido hablar español y a lo mejor tenían miedo de meterse en un problema.

El sábado llegó y me despertó el aroma a comida. Mi mamá cocinaba el almuerzo para llevar al trabajo y desayuno para nosotros. Yo siempre me despertaba temprano; me gustaba comer tacos y avena recién hechos. Después de comer me volvía a acostar hasta la hora de las caricaturas y hasta entonces despertaba a Silvia y Rafael. A María Luisa la llevada con la niñera cuando se iban al trabajo nuestros padres. La niñera nos cuidaba durante el día. Las caricaturas y los programas de niños comenzaban a las seis de la mañana y terminaban a las diez. Después había otros programas que no nos interesaba ver. Nos salíamos con Fernando a jugar. Fernando siempre venia a jugar con nosotros.

"¿Miraron el camión con gente que pasó por el campo esta mañana?" Nos preguntó.

"No. ¿Porque?" Le preguntamos a Fernando tratando de sacar más información.

"Creo que es la cuadrilla del cortito y están trabajando cerca del campo," dijo Fernando. "¿Quieren ir a ver?" Nos preguntó.

"¡Claro!" Le contestamos emocionados. "Será interesante ver."

Caminamos hacia los files alrededor del campo. A lo lejos vimos un grupo grande de gente. Todos iban agachados y golpeaban la tierra con un azadón corto. Estaban desahijando lechuga; cortaban el exceso de hierba. Dejaban una planta cada diez pulgadas, la medida requerida para que la lechuga creciera apropiadamente. De vez en cuando, los desahijadores se paraban para enderezar la espalda y descansar por un momento para luego volverse a agachar. Al acercarnos podíamos escuchar las voces. Los trabajadores conversaban para pasar el tiempo y tratar de ignorar el dolor de espalda causado por trabajar agachados todo el día. De repente escuché mi nombre y volteé. Era mi papá preguntando que hacíamos ahí. Le preguntamos si podíamos quedarnos.

Él le preguntó al mayordomo quien estuvo de acuerdo con la condición que no pisáramos la lechuga en los surcos. Yo me le acerqué a mi mamá para verla trabajar. Se miraba muy cansada. El dolor se le reflejaba en la cara al azadonar. Mi mamá aun no aprendía bien los movimientos básicos y batallaba para mantener el ritmo de los demás trabajadores. Ella tenía que mantener el paso para poder recibir el pago. Desesperado, mi papá desahijaba rápido en su surco, se adelantaba y después se devolvía por el surco de mi mamá para ayudarla a mantener el paso. Mi mamá hizo una mueca al tratar de enderezarse a descansar. Batalló para llegar a la orilla. Al salir el surco la gente se amontonaba alrededor de un bote a beber agua y después continuaban con un surco nuevo. Cerca del camión vimos unos azadones que sobraban. Le pregunté al mayordomo si podía agarrar uno para aprender a desahijar y ayudar a mi mamá. Él se río aprobando y palmeó mi espalda accediendo a dejarme intentarlo. Solo me dijo que tuviera cuidado. Mi papá me enseñó a desahijar. Él me enseñó como usar el azadón y golpear el surco lo suficiente hondo para tumbar la pequeña lechuga. También me enseñó como caminar agachado. Para moverse hacia delante, se tenía que dar el paso de lado, cruzando una pierna sobre la otra.

"Yo también lo quiero hacer," dijo mi hermana.

Fernando nada mas observaba. Al principio comencé despacito, pero aprendí rápido. En unos minutos logré desahijar lento pero aceptable.

"Va a ser un buen trabajador cuando crezca," dijo el mayordomo.

Comencé a ayudar a mi mamá. Me iba enfrente de ella para cuando llegara a la parte que yo había desahijado ella podría levantarse y descansar al caminar en frente de mí para continuar. Entre los dos logramos avanzar al frente de la cuadrilla donde ella tendría más tiempo para descansar. Ella me sonrió y acarició mi pelo en agradecimiento por mi ayuda.

"¡Lonche, Lonche! Gritó el mayordomo.

Era la hora de comer. Todos soltaron los azadones y se apresuraron al camión para descansar y comer sus alimentos.

"Vamos a comer," nos dijo mi mamá al seguirla hacia el camión.

La gente se sentó en grupos pequeños riéndose y bromeando. La hora de comida era bienvenida por todos para descansar. Nos sentamos cerca de otros trabajadores, amigos de mi papá.

"Tu hijo es muy bueno. Aprende rápido, sin duda será un buen trabajador muy pronto," dijo un hombre.

Se rieron todos y bromearon entre ellos de cómo luego yo sería mejor trabajador que ellos.

"Bueno, él es joven y tiene mucha energía, pero él, mejor irá a la escuela," dijo mi mamá.

"Yo puedo trabajar en los fines de semana," le dije orgulloso mientras mi mamá me abrazaba.

Ella estaba muy contenta que yo haya ido a ayudarla. Después de un rato, nos regresamos a la casa. No queríamos que Delfina, la niñera de María Luisa, se preocupara, pues no le habíamos avisado donde íbamos. Estábamos muy emocionados de todo el trabajo que habíamos hecho. Me sentía orgulloso. Algún día yo quería ser el mejor desahijador para poder ayudar a mi mamá.

"¡Los lechugueros, los lechugueros!" Escuchamos los gritos de Fernando.

A bocanadas trató de explicarnos sobre la llegada de los cortadores de lechuga. Un camión estaba estacionado en el lote enseguida de las barracas. Los hombres comenzaron a bajar sus pertenencias empacadas en cajas de cartón y bolsas. Solamente unos cuantos tenían maletas las cuales estaban viejas y maltratadas. Los hombres se burlaban entre sí de quién era el mas flojo y como dejarían el trabajo en unos cuantos días.

Los lechugueros tenían un estatus social alto entre los trabajadores del campo. Era un trabajo muy riguroso y mucha gente no se atrevía siquiera a intentarlo. Se necesitaba de muchas habilidades difíciles de adquirir y era muy cansado. Las cuadrillas del desahije o las que cosechaban otros productos se les pagaba por horas, mientras que el sueldo de los lechugueros era por contrato. Lo que quería decir que a los trabajadores se les pagaba por su producción. Entre más cajas empacara la cuadrilla, más dinero ganarían los trabajadores. La cuadrilla era como un equipo y todos ganaban igual. Se esperaba que todos los trabajadores tuvieran las habilidades y energía para un máximo rendimiento. Era como una competencia, una guerra donde solo los mas fuertes y hábiles sobrevivían. Si un trabajador no podía mantener el ritmo, renunciaría o sería agredido por los demás forzándolo a renunciar. El trabajo era demasiado físico para las mujeres y era muy raro ver alguna trabajando en las cuadrillas. La mayoría de la gente en la cuadrilla trabajaba en tríos. Dos cortadores y un empacador formaban cada trío. Cada cuadrilla tenía tres cerradores y cuatro cargadores. Estos trabajadores ganaban a un sueldo diferente y se consideraban posiciones de más prestigio; eran los trabajos más exigentes pero mejor pagados.

Era difícil de entrar a una cuadrilla. Los candidatos nuevos tenia que tener un pariente o amigo que los enseñara el oficio. Los aspirantes a lechugueros tenían que trabajar sin paga por unos días para aprender y practicar. También necesitan apoyo de sus conocidos mientras dominaban las habilidades requeridas. De otra manera, sería imposible comenzar a trabajar. Para mantener el ritmo en una cuadrilla normal se necesitaban varios meses de experiencia. Para trabajar en una cuadrilla campeona se necesitaban años de práctica y mucha condición. Muchos lechugueros regulares ni siquiera se atrevían a intentarlo. Estas cuadrillas eran formadas por gente dotada, dispuesta y tosca. Eran muy unidos y solo gente con agallas y que pudieran mantener el ritmo se les permitía trabajar durante la larga y pesada temporada. Si lo lograban, adquirían una gran reputación que les abría las puertas en otras cuadrillas dándoles estabilidad económica pues ganaban más dinero y siempre tenían trabajo.

"Tu tío Pablo vendrá más tarde," dijo mi papá.

Teníamos varios meses sin ver a mi tío y nos daba mucho gusto su llegada con los lechugueros. Mi tío había aprendido el oficio y seguía las cosechas en el Valle Imperial, Bakersfield y Salinas. Estábamos felices de ver a mi tío. Él siempre era muy bueno con nosotros; nos llevaba a paseos y nos daba dinero para gastar. Era el único familiar que teníamos en California y nos gustaba estar lo más cerca posible de él. Mi tío invitaba a mi papá a aprender a cortar lechuga, pero él siempre se rehusó.

"Duele mucho el cuerpo," decía mi papá.

Él alegaba que no tenía necesidad de sufrir tanto dolor físico. Sus amigos lo bromeaban diciéndole que era de güevones trabajar con las mujeres.

Mi papá los ignoraba y les contestaba con insultos. Mi tío venía a Salinas en su auto, eso quería decir que podríamos ir a más lugares. Él viviría en las barracas grandes con los otros hombres solos, pero nos visitaría frecuentemente. A mi me gustaba visitarlo, se juntaba con otros hombres a platicar. Me gustaba escuchar sus historias de grandeza presumiendo la cantidad de cajas empacadas en un día. Era una obsesión; todos alardeaban haber trabajado en una cuadrilla que en un día, cada trío, empacó suficientes cajas para llenar un carro de ferrocarril.

"¡Puro carro por trío!" Presumían.

Seiscientas cuarenta cajas; era el numero mágico para proclamar grandeza. Era el gran mito de los lechugueros.

Fernando estaba emocionado por la llegada de los lechugueros. El nos dijo como ellos les pagaban a los niños del campo por hacer simples mandados. Se la llevaban presumiendo el dinero que ganaban y enseñaban sus cheques cuando los recibían. Ahora siempre tendríamos dinero para ir al "Dairy Queen" a comprar nieve. Siempre íbamos a ayudarles con la basura o a barrer las barracas y ellos nos daban un dólar a cada uno, por cada vez. Nos ofrecían de lo que tuvieran: refrescos, comida o dulces. Los trabajadores también hacían juegos y deportes después del trabajo. Jugaban en el lote, el cual, además de ser estacionamiento se usaba para entretenerse y hacer ejercicio. Para nosotros era divertido mirar, especialmente en los fines de semana cuando no había ninguna otra cosa que hacer. Los lechugueros eran mis ídolos.

"Talvez yo seré un gran lechuguero algún día," yo pensaba, "y viajaré por todo California tras las cosechas. Yo seré el mejor que jamás haya existido. Talvez yo también pueda empacar un carro por trío."

Con la llegada de mi tío, teníamos muchas reuniones familiares donde disfrutábamos de comida y bebidas. Sus conversaciones se extendían hasta muy noche. A mi me gustaba escuchar; yo era el mayor y se me permitía hasta cierto punto. Habíamos salido de la escuela y estábamos emocionados con nuestras calificaciones. Se las mostramos a nuestro tío y le hablábamos en inglés. Intentábamos mantener una conversación con él y con mi papá, quien hablaba un poco. Nos daba gusto escucharlos hablar inglés porque la mayoría de los trabajadores del campo no querían aprender.

"Si el "gringo" quiere hablar conmigo, que aprenda español," decían entre si.

Había un resentimiento y rechazo difundido entre los trabajadores contra la sociedad anglo y su protesta la manifestaban con no aprender su lenguaje. Algunos se quejaban del arduo trabajo mal pagado y sentían ser explotados.

Algunos opinaban que los rancheros se estaban haciendo ricos con el sacrificio de los trabajadores del campo y sus familias. Muchos de los trabajadores se conformaban con su destino y esperaban ser campesinos toda su vida. Trabajaban en trabajos mal pagados y al final del día se aislaban en barrios mexicanos y campos donde el inglés no era necesario. Había áreas en las diferentes comunidades donde los negocios proveían a los trabajadores con artículos mexicanos. Algunos servicios se proveían en español y la diversión como el cine, los días festivos, y los bailes, todos eran al estilo mexicano. Les daba la sensación de vivir en su país. La interacción con la sociedad anglo era rara y la barrera del lenguaje servía como una buena excusa.

Mis padres planeaban migrar para otra área al terminar la escuela. La temporada del desahije se estaba terminando y mi papá no quería por ahora intentar trabajar en el corte de lechuga. Él quería intentar otra cosa. Mi tío y mi papá halaban de ir a pizcar fruta.

"Por lo menos no tendremos que trabajar agachados todo el día," decía mi mamá.

La fruta se pizca en escaleras y es peligroso, pero mi mamá quería intentarlo.

"Me voy a quedar jorobada si sigo en el cortito," decía riéndose.

El cortito era muy cansado y necesitaban un cambio. Además ahora que no íbamos a la escuela sería más fácil cuidarnos en las huertas en vez de pagar una niñera. Era muy común que las familias se llevaran a los niños a trabajar a las huertas. Los adultos pizcaban la fruta alta usando escaleras mientras los niños ayudaban a juntar la fruta caída o pizcar de las ramas más bajas.

"Los niños pueden pizcar las barbas," decía mi papá refiriéndose a las ramas bajas.

Para poder viajar necesitábamos transporte y el carro de mi tío tenía problemas mecánicos. Mi papá hizo la decisión de comprar nuestro propio auto a pesar de que él no sabía manejar.

"Pablo puede manejar mientras yo aprendo y saco mi licencia," él nos decía.

Todos dábamos brincos de la emoción, estábamos muy contentos.

"¿Quieres decir que tendremos nuestro propio carro?" Le preguntábamos insistentemente.

La temporada había sido buena y mi mamá y mi papá habían trabajado duro. Habían juntado lo suficiente para comprar un carro.

"Valió la pena la chinga," decía mi mamá.

Yo recordaba su cara de angustia cuando la visitaba en el cortito, pero ahora ella estaba contenta. Sentía que había valido la pena.

Dimos vueltas alrededor de Salinas en busca de un buen carro usado.

"Una camioneta, decía mi papá, "una camioneta grande donde quepan todas nuestras pertenencias.

Finalmente llegamos a un lote de carros usados donde tenían una camioneta grande. Era una 1960, modelo Dodge. Tenía tres asientos y el de atrás se podía doblar y convertirse en área de carga. También tenía parrilla para cargar el equipaje. Cabíamos muy bien con todas nuestras cosas y nos sobraba espacio. Mi tío caló la camioneta por las calles cercanas.

"Esta en buenas condiciones; el motor y la transmisión trabajan bien," decía mi tío.

El sabía de carros, al menos más que mi papá. Teníamos suficiente dinero para comprarla. Después de negociar con el dueño, se hizo el trato y regresamos a la casa en nuestro primer carro. Nuestros sueños poco a poco se estaban haciendo realidad.

BARBAS DE ORO

Cargamos nuestras pertenencias muy temprano en la mañana. Todas nuestras cosas cupieron, no tuvimos que abandonar nada. Nuestro carro era grande, perfecto para viajar. Nuestro papá nos dijo que iríamos a Modesto.

"No esta muy lejos de aquí; como unas tres horas de camino, dependiendo el trafico," dijo mi tío.

Era triste dejar a Fernando; había sido un buen amigo.

"Vendremos pronto a visitarlos," dijo mi papá al alejarnos.

Mi papá quería llegar temprano a Modesto. Necesitaba tiempo para encontrar una casa de renta. El viaje fue divertido; vimos muchas cosas nuevas y diferentes. La carretera pasaba entre montañas y bosques. Vimos puestos de frutas al lado de la carretera vendiendo chabacano, durazno, peras y cerezas. Al acercarnos a Modesto el clima se hizo caluroso.

"Va a estar caliente," dijo mi tío, "pero solo en la tarde y para entonces ya habremos salido del trabajo y podríamos ir al rió."

"¿Un rió?" Preguntamos emocionados.

Mi tío soltó la risa. Él sabía que nos gustaría vivir cerca de un rió donde pudiéramos refrescarnos todos los días.

"Apuesto que les va a gustar," dijo él. "Tendremos un día de campo en cuanto lleguemos ahí."

Mi tío se detuvo en una tienda para ir al baño y estirarnos un poco. Compramos comida para hacer nuestro día de campo en el río. Mi papá compró un periódico para buscar una casa de renta. Deseábamos encontrarla pronto, si no, tendríamos que dormir en el carro. Cuando llegamos, mi hermano, hermana y yo nos dirigimos a la orilla del río bajo los avisos de mi mamá, quien se preocupaba de lo hondo. Tras escuchar sus consejos todos corrimos bajando una loma con prado hacía el río.

"No es peligroso," le dijo mi tío.

El rió era muy bajo y arenoso, y la corriente era dócil. Nos quitamos los zapatos y nos metimos hasta las rodillas; nada más queríamos sentir el agua. Nos cambiamos de ropa después de comer los emparedados que mi mamá había echo mientras mi papá y mi tío buscaban en el periódico por una casa de renta. Después de comer, ellos se fueron a ver una casa que estaba anunciada cerca de ahí. Nosotros nos quedamos con mi mamá a jugar en el parque del río.

"Esto es maravilloso," acentuamos todos.

El parque tenía todo lo que un niño pudiera desear. La orilla del río era arenosa y los niños podían construir castillos y montañas o cubrirse completamente con la arena. A un lado estaba el área de picnic con asadores y bancas. Al otro lado estaba el parque con toda clase de juegos: columpios, sube y bajas, volantines, las barras y resbaladeros. Mi favorito era un resbaladero gigantesco con una curva, un salto y terminando en un hoyo lleno de arena. Me he de haber deslizado unas veinte veces antes de que mi papá y mi tío regresaran con buenas noticias: habían encontrado una casa de renta a tan solo unas cuadras del río. Era muy vieja, pero tenía muchos cuartos. Los niños tendríamos nuestro propio cuarto y había dos recamaras más para los adultos. La casa también tenía una cocina grande y una sala donde podríamos poner nuestra televisión, la cual habíamos podido conservar gracias a nuestra enorme camioneta. La casa estaba amueblada, por lo cual no tuvimos que visitar la pulga de emergencia. Mi mamá bromeaba de ir a la pulga por diversión y no por necesidad. Lo mejor de todo era que podíamos volver al río otra vez. Viviríamos cerca. Por ahora nos teníamos que ir.

Era la temporada del chabacano; había muchas huertas en Modesto. El aire fresco con la fragancia del chabacano era algo único que nosotros nunca habíamos experimentado.

"Hmm que bonito aroma," mi mamá repetía una y otra vez.

Al caminar por la huerta mi papá nos cortó unos chabacanos maduros.

"Tomen, pruébenlos, ni la gente rica puede hacer esto," dijo riéndose. "Ellos compran la fruta en la tienda, averiada y refrigerada. La fruta pierde su sabor."

El chabacano que nos dio mi papá era el más hermoso que yo haya visto: grande, firme, jugoso, dulce, y refrescado por el frío de la mañana. Estaba delicioso.

"Esto es una experiencia que solo los trabadores del campo pueden disfrutar," presumía mi papá.

Mi tío había trabajado en esta huerta anteriormente y sabía donde encontrar al mayordomo. Pronto encontramos la cuadrilla entre los árboles. Después de hablar sobre las condiciones y procedimiento del trabajo, fuimos contratados. Trabajar en la huerta era conveniente pues podíamos mover nuestro carro hasta nuestra zeta de árboles. Mi mamá y papá podían trabajar y supervisar los niños. Mi hermana y yo cuidábamos a los más pequeños y ellos solo intervenían cuando era necesario. La cuadrilla eran casi puras familias con niños; había pocos hombres solos. Los niños más medianos eran comúnmente los niñeros que hacían lo posible por entretener a sus hermanitos. Avisaban a sus padres si era necesaria su atención. Los más grandes ayudaban con la pizca de la fruta. Algunas veces hasta los más pequeños juntaban la fruta caída como parte de un juego que los padres animaban como forma de entretenerlos y enseñar a sus hijos el oficio. Los más grandes empezaban a colgarse un bote, sujeto por un cinto, cruzado entre hombro y cuello para pizcar las ramas de abajo. La fruta era vaciada en cajas y estibadas en la orilla de la zeta de árboles donde era inspeccionada, contada y registrada en la cuenta de cada familia. Las familias serían pagadas a un precio acordado por cada caja que se pizcaba durante el día.

La pizca de la fruta requiere habilidades especiales. La más importante es cargar y poner la escalera en posición para alcanzar la máxima cantidad de fruta posible. Toda la fruta madura se tenía que pizcar. Los trabajadores eran reprendidos si dejaban fruta en los árboles. El objetivo era pizcar la fruta lo más rápido posible; entre más cajas llenas más dinero se ganaba. El subir y bajar de la escalera era muy cansado y se necesitaba estar en buena condición. El clima era fresco por la mañana, pero más tarde se ponía caluroso y dentro de la huerta donde no corría el aire, era muy incomodo.

"¡Barbas de Oro! ¡Barbas de Oro!" Gritaban algunos de los trabajadores cuando el clima se ponía más caliente.

Mi tío decía que era la manera de los pizcadores de pedirle al viento que soplara y los refrescara. A mi me gustaba ver la técnica de los pizcadores campeones.

"Parecen changos," decía mi mamá al verlos subir la escalera entre las ramas.

Me impresionaban y yo quería ser como ellos. Todos me vacilaban diciéndome que yo sería un changuito muy pequeño.

Yo tenía tanta determinación de aprender que le pregunté al mayordomo por una escalera pequeña, una que yo pudiera cargar. Tal vez no podría alcanzar toda la fruta de los árboles muy altos pero podría ayudar a pizcar las ramas más bajas y algunos árboles chicos. Mi iniciativa y deseo de aprender impresionaron tanto al hombre que me prometió traerme una escalera al siguiente día. Le platiqué a mi mamá y ella me cautelo tener cuidado. Me animaban porque sabían que tenía capacidad para aprender el oficio y ayudar a la familia a ganar más dinero.

Al siguiente día el mayordomo me llamó y me dijo que me tenía una sorpresa. Era una escalera de catorce escalones, mucho más chica que las demás. Estaba pesada pero yo tenía la suficiente fuerza para cargarla y con práctica podría moverla a mi antojo. Pronto estaba subiendo a ramas más altas y llenaba las cajas más rápido que los adultos más lentos. Cuando había oportunidad, respetuosamente cuestionaba a los campeones sobre sus habilidades y ellos con gusto me dieron muchos consejos. Gradualmente, iba mejorando cada vez más. Les daba mucho gusto a mi mamá y papá y en los convivíos recibían muchos cumplidos de sus amigos.

"Tu hijo es muy buen trabajador," ellos decían.

Mi papá presumía que lo había heredado de él. "Igual que su padre," repetía bromeando. "Trabajador como su padre."

Según agarraba confianza, buscaba oportunidades para subir a las escaleras más grandes. Cuando mi mamá estaba descansando, atendiendo a los niños, o preparando la comida y su escalera estaba puesta en donde había fruta, me subía a agarrarla. Las escaleras grandes te subían hasta el tope de los árboles. Era un reto subir tan alto. No había de donde detenerse; nada más que tu balance, mantener la calma y no tener miedo. El paisaje era hermoso; como estar sobre unas nubes verdes formadas por las puntas de los árboles. Se podía escuchar a la gente cantar, platicar, bromear y reír tratando de darse ánimo durante la ardua jornada. Pero el llanto de un niño haciendo eco por la huerta, llamando a su mamá, por comida, o expresando su deseo de irse a su casa, reflejaba el gran sacrificio que las familias soportaban para subsistir.

En lo alto se podían escuchar ruidos, pero no se veía nada más que una alfombra verde con montañas monumentales en el fondo.

"De ahí es de donde viene el viento cuando le hablan los pizcadores," pensé.

"¡Barbas de Oro! ¡Barbas de Oro!" Yo insistí.

Enseguida la sentí, una brisa serena en mi cara, refrescándome, acariciándome como recompensa de mi audacia. Tal vez esa era la señal, diciéndome que yo era considerado un verdadero pizcador. Era un momento emocionante interrumpido por mi mamá quien preocupada por mi seguridad me gritó.

"¡Bájate de ahí! Te vas a dar un madrazo bien dado muchacho," dijo alarmada.

Me bajé y fui con el resto de la familia quienes se preparaban para comer los emparedados preparados por mi mamá. Me gustaba comer en la huerta. Era como un día de campo. Siempre llevábamos algo diferente para comer. Lo guardábamos en una hielera que mi papá había comprado en la pulga local. Siempre teníamos refrescos y agua para todo el día. Tendíamos cobijas en el suelo y nos recostábamos a estirarnos y descansar nuestros adoloridos cuerpos mientras comíamos. Se podía escuchar a las otras familias haciendo lo mismo. Entre los árboles se podía escuchar los lamentos de trabajadores cansados y los llantos de niños implorando por irse a su casa, y después silencio. Todos comían callados. Después de unos minutos, la platica entre los trabajadores continuaba, entre medio de risas y cantos, como si la gente haya recuperado su energía y su deseo de seguir trabajando, de persistir con su lucha de llenar las más cajas posible.

Algunas veces después del trabajo nos íbamos directamente al río. Nada más surtíamos la hielera con comida para el resto del día. A la hora que parábamos de trabajar, hacía mucho calor y no teníamos abanico, así es que preferíamos jugar en lo fresco del río y su parque. Mi mamá se iba con nosotros al parque mientras mi papá y mi tío se recostaban en el pasto a platicar, por lo general de regresar algún día a Guadalajara. Era el sueño de mi papá: juntar mucho dinero para comprar una casa en Guadalajara y nunca regresar al Norte. Mi papá estaba aprendiendo a conducir y planeaba pronto sacar su licencia de manejar. Él quería juntar suficiente dinero para ir a Guadalajara. Todos queríamos ir. Toda nuestra familia vivía ahí y no los habíamos visto por varios años. Sería maravilloso si fuéramos para platicarles a todos, todo lo que sabíamos del Norte.

De primero solo eran murmullos, luego las voces se oyeron más fuerte. Mi mamá y mi papá se estaban peleando de nuevo. Mi papá tenía el problema de tomar demasiado y mi mamá odiaba verlo borracho. Ella se quejaba que él gastaba el dinero que se podía gastar en cosas que necesitábamos, o ahorrar para el viaje a Guadalajara. Él siempre levantaba la voz para intimidarla. Era su técnica para que no lo fastidiara, era un chantaje emocional. Él sabía que sus gritos nos despertarían y a mi mamá le preocupaba que fuéramos a escuchar los insultos que él le decía a mi mamá.

"¡Así es como me conociste! ¿Porque te quejas ahora?" Él le preguntaba. "Él hombre debe ser macho," gritaba.

Una frase que escuché de muchos trabajadores del campo. Un mito integrado en la cultura sobre el dominio del hombre y lo sumiso de la mujer, el machismo.

"Yo no voy a estar bajo las faldas de una vieja, hay que ser macho," mi papá se decía entre dientes.

Mi tío siempre intervenía en defensa de mi mamá. Él se despertó por los gritos y enojado regañaba a mi papá. Mi tío era el mayor y le exigía respeto a la familia. Mi papá se salía amenazando con nunca regresar. Siempre regresaba después de haber tomado unas cervezas, se

51

acostaba en el sillón, y se dormía dejando escapar unos ronquidos que retumbaban por toda la casa.

Al siguiente día mi mamá se ponía seria mientras preparaba nuestra comida y nos alistaba para irnos a trabajar. Mi papá se despertaba quejándose de la cruda y tomaba mucha agua.

"¡Ahhhhhh!" Él exclamaba, y agregaba, "sabe mejor que la cerveza."

Se quejaba todo el día para ver si nos daba lastima su sufrimiento.

"Que te lleve la chingada," murmuraba mi mamá enojada.

Ella estaba muy enojada y deseaba que mi papá sufriera la peor cruda como consecuencia de sus actos. Al fin del día se contentaban y se olvidaban de todo, un comportamiento que mis hermanos y yo aprenderíamos a sobrellevar por muchos años.

Un día, me asomé por la ventana y vi a mi papá estacionando la camioneta. Estaba muy limpia; parecía un pájaro blanco, una hermosa paloma. La habíamos visto empolvada por la tierra de la huerta tantos días que hasta se nos había olvidado que color era.

"¿La pasaste, la pasaste? Le preguntamos a mi papá al salir brincando y gritando.

Él había ido a tomar la prueba de manejo y todos deseábamos que la pasara. Él presumió haberla pasado con facilidad.

"¿Que creen? ¿Que no me ven manejando? Y no la saqué con estampillas verdes," nos bromeaba, contento de su logro.

MI TIERRA

Todos estábamos muy contentos. La razón era que pronto empezaría nuestro viaje a Guadalajara, mi tierra. El viaje sería difícil. Guadalajara estaba lejos y era la primera vez que mi papá manejaba tan lejos. Él estaba acostumbrado a manejar en corto, a la tienda o al trabajo. En algunas ocasiones él había manejado en la carretera para practicar, pero ahora, iba en serio. Él sabía que era un gran reto y se preocupaba por la seguridad de la familia; entre tantos carros y camiones grandes. Él planeó el viaje cuidadosamente. Para evitar el tráfico de Los Ángeles, nos fuimos por la tarde para pasar la gran ciudad de noche. El viaje tendría dos etapas: de Modesto a Mexicali y de Mexicali a Guadalajara. En Mexicali descansaríamos dos días mientras arreglábamos nuestros permisos de turistas para poder viajar a México por automóvil.

"Ahora somos emigrados," bromeaba mi papá. "La ley requiere que tengamos permisos o tendremos problemas al pasar las aduanas."

Mi papá sería el único chofer, pues mi tío no iría con nosotros. Él se iría más al norte a la pizca de pera. Él le dio consejos a mi papá.

"Nomás vete por la primera línea y no te salgas hasta que llegues." Él le decía riéndose, bromeando a mi papá.

La primera etapa del viaje fue muy angustiada. Mi papá se intimidó con el inmenso tráfico y exigía silencio total. Se le notaba el estrés en su cara mientras luchaba por calmarse. Él brincaba en su asiento por cualquier ruido que escuchaba; se iba más despacito y nos pedía que nos fijáramos si se nos había caído una llanta o alguna parte del carro. Él manejaba muy lento. Desilusionado vi como todos los vehículos nos rebasaban. Hasta un viejito manejaba más recio y nos pasó. Los chóferes viejitos que don Juanito usualmente rebasaba, volteaban asombrados, preguntándose si teníamos problemas mecánicos con la camioneta y necesitábamos ayuda. En cualquier bordo que pasábamos, mi papá murmuraba, pidiéndole al cielo que nada malo nos pasara. Él se agarraba fuerte del volante para no perder el control cuando los camiones de carga grandes nos pasaban pues producían una ráfaga de aire muy fuerte que causaba que la camioneta se desviara. Mi mamá insultaba a los chóferes que nos pasaban y nos pedía silencio. Nos dijo a todos que estuviéramos alerta de los cafres del volante pasando alrededor de nosotros. Mi papá nos culpaba de distraerlo y que nuestra platica lo ponía más nervioso. Él quería que estuviéramos vigilando cuando se acercara algún camión grande y le avisáramos cuando se aproximara para él estar listo para controlar el carro en la ráfaga de aire.

"Tenemos que ir con cuidado," repetía constantemente.

Yo le avisaba cuando veía venir un camión de carga. Había muchos, cientos, y todos nos pasaban causando pánico en mi papá cuando se cimbraba la camioneta con las ráfagas de aire. Yo deseaba encontrarnos un camión que fuera tan lento que mi papá lo pudiera rebasar. Yo quería una victoria; tenemos que pasar de perdida uno. Mi papá tenía su licencia de manejar y merecía ganar aunque sea una vez. Pero no fue así. Él manejó como le había dicho mi tío, todo el camino en la primer línea. Yo no recuerdo que mi tío le dijera que se fuera tan despacito, pero mi papá así lo hizo, tal vez imponiendo la marca de viajar por seiscientas millas sin rebasar un solo vehículo.

El viaje a Guadalajara fue mejor. La carretera era angosta, solo dos carriles, pero el tráfico era sumamente ligero. En ocasiones era muy solitario. Era una suerte encontrarte cualquier vehículo. De vez en cuando, camiones grandes de pasajeros nos rebasaban intimidando a mi papá. Los camiones de carga eran lentos dándole a mi papá la oportunidad de practicar rebasar un vehículo. Me dio gusto cuando por fin se decidió.

"¡OK! ¡Agárrense¡ Él dijo. "Voy a pasar a esta pinchi tortuga, nada más pá que vean que tan chingón soy pá manejar."

Mi papá se rió nervioso, alardeando de su logro y de ser un gran chofer. De ahí en adelante mi papá manejó con más confianza y tuvimos varias victorias en el largo viaje a Guadalajara.

Habíamos viajado anteriormente a Guadalajara por tren. Era la primera vez que hacíamos el viaje en carro. Había muchas cosas interesantes que ver en las poblaciones al lado del camino. Era común ver gente y animales cruzar la carretera, algo que nunca vimos en California. En algunas ocasiones tuvimos que detenernos en medio del camino para dejarlos pasar. En Los Ángeles, mi papá nos había urgido que le avisáramos de los camiones grandes; aquí le teníamos que avisar de las vacas y los chivos. Nos paramos en varios poblados chicos a abastecernos de comida y gasolina y después de un largo día de manejar, nos detuvimos a descansar en Hermosillo, Sonora, y al siguiente día en Mazatlán, Sinaloa. Las dos paradas eran parte del plan de mi papá. Mis hermanos y yo teníamos curiosidad por la forma de hablar de la gente en estas regiones. Se oían muy chistosos y bromeábamos entre sí imitando su tono de voz al hablar.

"Quihúbule vale. Buenos días patroncito," remedábamos.

"Así es como la gente de aquí habla," mi mamá nos explicó.

Le preguntamos a mi mamá sí ésta era la forma de hablar en Guadalajara. Ella acentuó, pero nos previno que era contagioso. Ella nos dijo que eventualmente nosotros también hablaríamos así después de unos días.

"Los niños de aquí también piensan que ustedes hablan chistoso. Pueden estarse burlando de ustedes ahorita mismo, mofándose de lo extraño que hablan los niños de California," dijo mi mamá bromeando, imitando como hablábamos. "Simón, ese, pásame la soda plis."

Finalmente, después de dos días y una noche, llegamos a la gran ciudad de Guadalajara. Todos nosotros habíamos nacido en la ciudad, o en sus alrededores, menos mi hermano Rafael, quien nació en Mexicali. Durante el viaje mis papás nos platicaron historias de como habíamos venido a este mundo. Yo había nacido durante una tormenta en una casa de campaña y mi mamá fue atendida por una partera. La casa de campaña tubo que ser detenida para que no se la llevara el viento. Mi papá se había ido a emborracharse y mi abuelo fue a buscarlo para obligarlo a venir. Yo nací el día de las madres, el diez de mayo, y por eso siempre he bromeado de ser una madrecita. Decían que era la razón por la que había nacido tan chaparrito.

"Por eso naciste una madrecita," mis amigos bromeaban.

En cierto modo yo era afortunado. Nadie olvidaría mi cumpleaños, pues el día de las madres es un día festivo muy popular. Mi mamá me decía cariñosa que yo era el mejor regalo de día de madres que había recibido. Fui nombrado como mi abuelo paterno, Lucio, quien estaba feliz de que yo naciera. En ese tiempo, yo era el único hombre nacido en la familia Padilla. Mis otros tíos, Pablo y Jesús, habían tenido puras mujeres y adquirirían otro nombre al casarse. Yo era el único hombre que quedaba para seguir con el patrimonio de los Padilla. Todavía recuerdo como mi abuelo, orgulloso, me llevaba a pasear a caballo en las calles de Tototlán, un pueblo pequeño donde él tenía un ranchito. Él era muy popular con las mujeres y le gustaba pasear en su caballo Viento para impresionarlas.

Mi Abuelo me decía, "Mira mijo, puras viejas bombas," y se reía conmigo al alejarnos montados en Viento.

"¿Son bombas abuelo?" Le preguntaba.

"Si mijo," me decía. "Están bien guangas," y se carcajeaba.

Un día que cabalgábamos, él coqueteó con un grupo de mujeres, saludándolas.

"Hola señoritas, buenos días," él dijo, y me presentó con ellas, "este es mi nieto."

Las mujeres se sonrieron y dijeron entre sí que yo era muy simpático.

De repente yo contesté, "vámonos abuelo, son puras viejas bombas."

Avergonzado, mi abuelo se puso colorado. Se disculpó e inmediatamente se retiró. Yo no sabía que había dicho un insulto. Les había dicho viejas guangas como mi abuelo, pero no sabía que no debía decirlo enfrente de ellas. Más tarde, mi abuelo bromeaba sobre mi acción como algo que se esperaba de un hombre.

"Mijo va a ser un verdadero macho," mi abuelo decía orgulloso.

Mi papá se divertía recordando los incidentes que mi abuelo vivió conmigo en sus últimos cuatro años de vida.

Mis padres no tenían educación. Mi papá no terminó la secundaria y mi mamá solo fue hasta el tercer año. Ellos vivían en una casa de campaña en las afueras de Guadalajara y mi papá ordeñaba vacas para subsistir. Él platicaba historias de cómo me zambullía en los cantaros de leche, desnudo, para bañarme. Él quería que yo fuera un niño sano y fuerte para enfrentar la vida. Mi mamá decía que a la mejor yo había sufrido un accidente o dos cuando me sumergían. Nos preguntábamos quien había bebido la leche y nos compadecíamos de ellos. Mi papá no tenía un buen futuro en Guadalajara y el mito del sueño americano despertó su curiosidad por ir a California. Yo escuchaba sus conversaciones con mi mamá.

"Volveré pronto por ustedes. Conseguiré un buen trabajo y les mandaré dinero," él le decía. "Pronto estaremos juntos en el norte."

Mi tío creció bajo las mismas circunstancias y ya estaba viviendo en el norte. Los dos cruzaron de mojados y después adquirieron residencia legal. Los familiares que se quedaron en Guadalajara vivían bien, tenían propiedades y trabajos con futuro. El norte no les llamaba la atención.

"No le pedimos nada al norte," decían y alardeaban de no tener que ser emigrados.

Nuestros familiares vivían bien en su adorada tierra natal, México, pero resentían que dos miembros de su familia fueran a venderse a los gringos. Mi tío y mi papá no entendieron y se aventuraron a la frontera a pesar de las protestas de la familia. En la frontera, encontraron la manera de cruzar y encontraron trabajo y vivienda. Mucha gente ilegal tenía conocidos que les ayudaran a establecerse. Mi papá y mi tío no tenían a nadie, ellos se lanzaron solos en busca de su destino y el sueño americano.

Por fin llegamos a Guadalajara.

"Nos quedaremos con tu tía Lupe," dijo mi papá.

Era la casa que servía de refugio para los familiares. Tenía un patio y cinco recamaras alrededor formando un perímetro. También tenía una antesala expuesta al aire libre y una sala cerrada. La cocina y el comedor tenían espacio para servir a un grupo grande de gente. Comidas grandes eran comunes; mi tía siempre ofrecía su casa a sus familiares de otras regiones cuando venían a Guadalajara de negocios o para ir a la escuela. Nos dieron una calurosa bienvenida, con alegría, abrasándonos y preguntándonos sobre el viaje. Al estar bajando nuestro equipaje, me dí cuenta que la gente nos miraba desde sus ventanas y puertas. Tenían curiosidad sobre la gente del norte que acababa de llegar. Algunos salieron de sus casas para presenciar la recepción. Yo había vivido mis primeros cuatro años en ese barrio antes de que mi papá nos llevara a California, así es que conocía algunos de los niños. Yo pensaba si aún vivían ahí. Me daría gusto volver a jugar con ellos.

La familia estaba contenta con nuestra visita pero se sentía el resentimiento. Mi tía criticaba todo lo que mencionábamos de California y nos etiquetaba de querer ser gringos.

"Se van a convertir en gringos con los ojos azules y el pelo güero," nos advertía sarcásticamente.

También criticaba nuestra forma de hablar, y nos desanimaba a que usáramos las palabras gringas que eran parte del lenguaje fronterizo que habíamos adquirido, el "Spanglish".

"No se dice soda, parqueadero o breca," nos corregía mi tía. "Se dice refresco, estacionamiento y freno."

Nuestros parientes continuamente nos corregían con reproches, diciendo que éramos mexicanos con un nopal en la frente que aunque quisiéramos no lo podíamos quitar.

"El nopal ni quien se los quite, solían decirnos. Aunque hablen inglés de todos modos serán mexicanos," agregaban sarcásticamente.

La bienvenida de los familiares de mi mamá fue aún más efusiva, Ellos vivían en un pequeño rancho creando animales y trabajando la tierra. Aunque lo negaran, algunos de ellos tenían el deseo de ir a California, pero no tenían los recursos para hacer el viaje; tenían celos de nuestro éxito. También criticaban el norte pero por dentro deseaban ser tan afortunados como nosotros. Mi hermana y yo ignorábamos sus agresiones. Sabíamos que este no era el lugar para jugar nuestros juegos de hablar inglés; teníamos que posponerlo por un tiempo. Era obvio que no sería aceptado.

Mi papá se la llevó borracho la mayor parte de nuestra estancia en Guadalajara. Le encantaba estar en la cantina con sus amigos emborrachándose y presumiendo el norte. Se la pasaba horas platicando historias exageradas de lo fácil que era ganar dólares.

"Recoges los dólares fácil," él solía decir.

Nosotros nomás lo escuchábamos en silencio. Mi papá quería dar la impresión que habíamos encontrado el sueño americano. Dentro de nosotros lo queríamos creer, pero estaba muy lejos de ser realidad. Sus hermanas y sobrinas le decían a mi papá que no tomara pero él no tenía intención de hacerles caso. Mi mamá sabía que mi papá se la llevaría borracho pero ella lo ignoraba. Ella se había hecho a la idea de disfrutar el viaje a como diera lugar.

"Si se emborracha mejor," ella decía, resignada a su destino. "De esa manera no tenemos que aguantarlo."

Mi mamá estaba aprendiendo a vivir su vida lo mejor posible en compañía de sus hijos.

Regreso al Norte

Fue maravilloso regresar al norte. Sentíamos un alivio cuando nos dejaron cruzar la frontera después de enseñar nuestras micas al oficial.

"¿De donde ser ustedes?" Nos preguntó con su peculiar español.

"De Guadalajara," le contestó mi papá.

Después de revisar nuestro equipaje el oficial nos dejó pasar. Dábamos gracias de haber regresado sanos y salvos. Sentíamos dicha de pasear por las calles de Calexico de nuevo. Había una sensación de seguridad que no sentimos en Guadalajara. Se sentía bien poder regresar a este pequeño pueblo en medio del desierto. Mi papá nos dijo que permaneceríamos unos meses hasta que comenzara la pizca de fruta más al norte. Mi papá había rentado un pequeño apartamento en la misma área donde habíamos vivido cuando recién cruzamos la línea, cerca del parque donde nos habíamos divertido tanto jugando. Lo más emocionante era regresar a Rockwood, nuestra primera escuela. Sería maravilloso volver a ver a nuestros primeros amigos y maestros en California. Teníamos ansiedad de que nuestros padres nos inscribieran en la escuela. Deseábamos volver a nuestra clase de inglés y practicar nuestro vocabulario con el señor López. Ahora si podríamos jugar nuestro juego de hablar inglés que extrañamos tanto yo y mi hermana mientras estuvimos en Guadalajara.

Yo estaba en cuarto año y mi hermana en segundo. Habíamos perdido mucha escuela causa de nuestro viaje y ahora teníamos que trabajar duro para emparejarnos. Nos adaptamos bien a nuestros nuevos maestros. Algunos de los alumnos del año anterior estaban en nuestra clase, haciendo nuestra integración más fácil. El señor López nos dio una calurosa bienvenida cuando fuimos a su clase en la mañana. Nos habló en inglés, probando el vocabulario que habíamos adquirido. Él estaba impresionado de nuestra determinación de aprender el lenguaje. Era muy común que estudiantes emigrantes se atrasaran en la escuela intimidados por la barrera del lenguaje y la constante migración siguiendo las cosechas. Él continuó animándonos, y pronto dejó de hablarnos en español y nos prohibió que lo habláramos. Había más tolerancia en Rockwood que en otras escuelas en dejar hablar en español a los alumnos. También estaba prohibido pero no eran tan estrictos como lo habíamos experimentado en otras escuelas más al norte.

Durante nuestra estancia en Calexico, mis padres trabajaron en el cortito y cosecharon una variedad de verduras. A mi papá no le gustaba este trabajo y siempre se quejaba de que la pizca de la fruta era mejor.

"Pronto nos iremos a Tulare, California," le decía a mi mamá.

Mi papá tenía un amigo que nos invitaba a vivir ahí y le prometía a mi papá ayudarlo a establecerse. Por mientras, mis padres trabajarían en el Valle Imperial cosechando: brócoli, coliflor, y mostaza hasta que comenzara la pizca de la naranja en Tulare. Nuestra prima Sara vendría de Guadalajara a visitarnos en California por un tiempo. Ella nos cuidaría mientras mis padres trabajaban. Parecía un buen plan y mi mamá lo apoyaba, pero yo y mi hermana rechazábamos la idea de cambiarnos a un lugar desconocido; significaba comenzar de nuevo en un lugar extraño. Sabrá Dios lo que nos esperaba por allá.

Estaba lloviendo tan fuerte que casi no se miraba el camino. Mi papá estaba muy tenso y se quejaba de la dificultad de manejar en esas condiciones. Una vez más, empezamos temprano nuestro viaje a Tulare para tener tiempo de buscar una casa de renta. El amigo de mi papá, Francisco, nos había ofrecido su casa por unos días mientras nos establecíamos, pero mi mamá insistió en buscar nuestra propia vivienda.

"El muerto y el arrimado apesta a los dos días," decía mi mamá.

Mi papá insistía que este hombre era un amigo de la infancia.

"Somos como familia," él alegaba.

Mi mamá se rehusó a escuchar y dijo que aunque su amigo tuviera buenas intenciones seriamos una carga para su familia después de unos días.

Francisco nos dio una calurosa bienvenida. Nos invitó a pasar y nos presentó su familia. Su esposa parecía ser mexicana pero no hablaba en español, o al menos eso fue lo que ella dijo.

"Yo hablando muy poquito, litol español," dijo disculpándose.

Tenían una hija como de la edad de mi hermana, unos ocho años de edad, quien solo hablaba en inglés. Su casa tenía tres recamaras, una sala grande, y una cocina y comedor. Afuera había un lote grande con árboles y columpios. No podíamos salir por la lluvia, así es que los niños veíamos televisión mientras los adultos tenían largas conversaciones.

"Ha estado lloviendo fuerte por muchos días," explicó Francisco.

Era imposible trabajar. Todos deseaban que se despejara pronto o la fruta se dañaría y todos sufrirían. No se podían pronosticar las temporadas de excesiva lluvia, pero eran temidas por los trabajadores del campo pues trabajar en los campos dependía de las condiciones del tiempo.

Por una semana nos quedamos en la casa de Francisco. Mis padres dormían en la habitación de huéspedes con mi hermanita María Luisa. El resto de nosotros, nuestra prima Sara, mi hermano Rafael, mi hermana Silvia, y yo, dormíamos en el suelo, en la sala. Durante el día nos manteníamos fuera lo más posible buscando una casa dentro de nuestras posibilidades de poder rentar. También lo hacíamos para evitar ser una carga para Francisco y su familia. Mi mamá tenía razón, a través de los días, la esposa de Francisco nos empezó a repudiar, y nosotros no nos sentíamos en confianza. Cuando andábamos buscando la casa, comprábamos los ingredientes para hacer emparedados y comer en el parque. Casi siempre nos quedábamos en el carro por la fuerte lluvia. No paraba de llover y en ocasiones nos preguntábamos si algún día se iría a detener. Un día, al andar buscando, vimos una casa abandonada dentro de una huerta de granadas. No tenía un letrero, pero de todos modos paramos a preguntar deseando poder rentarla. Un hombre salió de una casa cercana cuando nos vio acercarnos. Mi papá, con su limitado inglés, preguntó acerca de rentar la casa. El hombre nos explicó que estaba abandonada por mucho tiempo y no estaba apta para vivir. Desesperado, mi papá insistió tratando de convencer a el hombre. Hasta le mintió de estar viviendo en el carro los últimos días. Le prometió que nada más estaríamos unos cuantos días mientras encontrábamos algo más adecuado. El hombre aceptó titubeante. Le dijo a mi papá que le haría unas reparaciones para que al menos nos protegiéramos del ambiente. La casa era muy grande y tenía varios cuartos pero le faltaba la puerta de atrás y algunas ventanas.

"Estaremos bien," dijo mi mamá. "Las taparemos con cartones hasta que las reparen."

Ella estaba contenta de ya no tener que regresar a la casa de Francisco. Le agradecimos a Francisco por su hospitalidad. Él continuó ofreciendo su ayuda y le ofreció dinero a mi papá. Mi papá titubeante aceptó el dinero y le dijo que le pagaría lo más pronto posible. Con una sonrisa, Francisco nos dijo que no nos preocupáramos y dejó escapar un suspiro de alivio al vernos partir. Rápidamente, empacamos nuestras cosa y nos fuimos a arreglar la casa y hacerla más agradable. Se llevaría un gran esfuerzo para acabar con el polvo y los insectos que corrían por todos lados en protesta de nuestra invasión de su vivienda. La casa tenía algunas camas y muebles viejos almacenados en uno de los cuartos. Los sacamos y los aporreamos con un palo para sacudir el polvo. Arañas y escorpiones empezaron a salir, solo para ser aplastados por la escoba que tenía mi mamá.

"Tenemos que matarlos a todos ahora o ellos nos acabaran después," ella dijo mientras inspeccionaba los colchones minuciosamente.

Nos llevó varias horas para hacerlos útiles. Durante los próximos días tendríamos que trabajar muy duro para mejorar la casa lo más posible y levantarla al nivel de otras viviendas donde habíamos vivido anteriormente. Para nosotros era nuestro nuevo palacio.

En nuestra primera noche, mis hermanos y yo exploramos la casa mientras nuestros padres hacían planes para el siguiente día. Ellos deseaban que se despejara para poder trabajar en la pizca de la naranja y así poder salir de esta difícil situación. De pronto alguien tocó fuerte en la puerta de enfrente. Nos preguntamos quien podría ser pues Francisco no sabía donde estaba la casa y nosotros no conocíamos a nadie. Escuchamos una fuerte voz diciéndonos en inglés que abriéramos la puerta anunciando que eran de la emigración. Nos asustamos pues no esperábamos esta clase de visita.

"Es la migra," dijo mi mamá intimidada por la inesperada visita.

"Creen que somos mojados," dijo mi papá al abrir la puerta.

Estaba un oficial parado en la puerta de enfrente mientras otros tres rodeaban la casa. Todos iban con la mano sobre la cacha de la pistola como si estuvieran listos para sacarlas si fuera necesario. El oficial le preguntó a mi papá por sus documentos y se pasó a la casa cautelosamente viendo alrededor. El resto de los oficiales entraron cautelosamente por la puerta de atrás. Estábamos muy alarmados por la repentina visita. Mis hermanos y yo nos replegamos con mi mamá; la redada de la migra nos había asustado. La forma de llegar de los oficiales había sido de película dramática.

"Todo esta bien," dijo mi papá tratando de explicar a los oficiales que éramos residentes legales.

Mi mamá buscó nuestras micas en su bolsa para mostrárselas a los oficiales. Mi papá y mi prima Sara también lo hicieron. Temblando mi mamá les dio las micas a los oficiales.

"Somos emigrados, están nuevecitas," ella trató de explicar.

Los oficiales regresaron los documentos y fríamente dijeron que recibieron un reporte de ilegales viviendo aquí, pero que los papeles parecían estar en regla. Se murmuraron algo entre sí, salieron de la casa, se subieron a sus vehículos, y se fueron.

"Pinchis Gringos nos reportaron como mojados," mi mamá maldijo.

Llovió toda la noche; se podía oír el torrente de agua en el techo. El clima y los momentos tensos con la migra nos tenía inquietos. Yo podía escuchar la plática en voz baja de mi mamá y mi papá, pero no podía entender lo que decían. Les preocupaba lo incierto de nuestra situación. Se nos estaba acabando el dinero y la comida y si la lluvia no paraba pronto nuestra situación se haría desesperante. Había sido una desventura venir tras la cosecha de la naranja.

Al siguiente día mis padres no trabajaron a causa de la lluvia y nos llevaron a mí y a mí a mi hermana a la escuela más cercana. En el camino pudimos ver el barrio. Todas las casas eran grandísimas y hermosas, rodeadas de árboles e inmensos pastos y hermosos carros estacionados en grandes entradas. La escuela era la mejor que habíamos visto hasta ahora. Tenía hermosos salones y un patio de recreo muy grande con muchos juegos. Todos los alumnos iban bien vestidos con prendas hermosas. La secretaria nos miró con rareza. Nosotros vestíamos ropas rotas y desgastadas y ella parecía extrañada, como preguntándose la razón de nuestra presencia. La secretaria titubeó unos instantes y nos preguntó que queríamos.

"Mai children com tu escul," dijo mi papá, explicando que íbamos a la escuela en su limitado inglés y su fuerte acento. Con cara de confusión, la secretaria entró en una oficina mientras mi papá se peguntaba si le había entendido. Después de unos minutos regresó preguntando por las pruebas de residencia. Ella cuestionaba que viviéramos en esa área. Trató de explicarnos que a lo mejor no pertenecíamos a esa escuela y que solo los residentes de esa área se podían registrar. Mi papá le mostró las pruebas de residencia, pero la secretaria insistió que era una equivocación. Yo le ayudé a mi papá a responder muchas preguntas. Finalmente, después de revisar todos nuestros documentos, renuentemente fuimos aceptados. No podíamos entender por que se objetaban a que nos registráramos. Yo me sentí fuera de sitio. Su actitud hizo sentirme incomodo; me sentí rechazado. Probablemente se preguntaban como le haría este puño de mexicanos descosidos para obtener residencia en ese sector. Lo que no sabían es que vivíamos en la única casa abandonada de esa zona.

Yo estaba muy nervioso cuando me escoltaron a mi salón. Yo seguí a la secretaria con la cabeza baja y un nudo en el estomago; el ambiente me intimidaba. Me temblaban las rodillas al esperar en la puerta del salón a que la mujer que me escoltó le hablara en voz baja a la maestra. Mientras hablaban la maestra me miraba con una expresión áspera, acentuando con la cabeza. Sentía la mirada de los alumnos y escuché sus murmullos. No me atrevía a levantar la vista. De reojo, miraba a los alumnos, todos bien vestidos. Me sentí avergonzado de mis zapatos rotos y mi ropa vieja. Quería salir corriendo lo más lejos posible de ahí. Pero nada más me quedé esperando, preguntándome como estaría mi hermana. Yo sabía que estaba pasando por la misma situación. Por fin la maestra se me acercó y me preguntó mi nombre.

"Lucio Padilla," le contesté.

"Luchio Padila," trató de repetir pronunciando mi nombre mal, haciendo a la clase reír. Yo acentué y traté de sonreír, deseando obtener una reacción positiva de la maestra. No lo logré. Su expresión nunca cambió. Apuntó hacia un mesa banco vacío y me dijo que me sentara ahí y continuó con la lección.

Durante el recreo, me paré solitario en un lugar aislado del patio mirando alrededor, deseando ver a mi hermana. Yo sabía que no la miraría pues ella tenía un horario diferente. Nadie se me acercó y yo temía arrimarme a cualquier alumno, temiendo un rechazo. Traté de ser valiente y tomar la iniciativa.

"Tal vez si demuestro que soy un buen alumno pudiera integrarme," pensé.

Los juegos que los alumnos jugaban eran los mismos que yo había aprendido en otras escuelas: four squares, tetherball and kickball. Tal vez si les demostraba que yo era buen jugador, algunos alumnos me aceptarían. Lo pensé seriamente, pero me acobardé intimidado por la fría recepción. Era tan diferente a lo que había experimentado antes, en otras escuelas.

Después del recreo, regresamos al salón y continuamos con la lección de matemáticas, mi materia favorita. Agarré valor y participé con entusiasmo. Hice bien pero no impresioné a nadie. Al contrario, algunos alumnos me acusaron de presumido. La maestra tampoco se impresionó. Ella favoreció a otros alumnos, y opacó mi habilidad en matemáticas limitando mi participación. De nuevo me sentí rechazado y mi ansiedad incrementó. De nuevo tuve el deseo de salir corriendo y nunca regresar. Sentí ganas de llorar. Pero no me iba a dar por vencido y darle a esta gente la satisfacción de verme derrotado. Me consolé pensando en los consejos de mi mamá.

"Has tu mejor esfuerzo y no hagas nada que te meta en problemas," ella me decía.

Durante el almuerzo, me senté silencioso comiendo lo más rápido posible y planeando como intentar ingresar a un juego. Talvez pudiera hacer amigos mientras jugaba. Después de recibir permiso de salir, me fui corriendo a formar en el juego de los cuatro cuadros a esperar mi turno. Los alumnos me corrieron disgustados.

"Get aguey yu derti griser, gui dont guant yu jier," dijo un alumno, obviamente intentando lastimar mis sentimientos corriéndome groseramente.

Nunca me habían dicho, "dirty greaser", ni me sentía ni mugroso ni grasoso. No comprendía el significado del insulto pero la expresión en que se dijo era suficiente para darse a entender. Traté de ignorarlo. Continué buscando un cuadro donde se me permitiera jugar. Finalmente encontré uno donde jugaban los alumnos grandes. Eran puros alumnos del quinto y sexto grado y querían tener la satisfacción de ridiculizarme derrotándome. Por fin tuve la oportunidad de jugar. Yo era notablemente superior y les ganaba fácilmente, pero ellos me empezaron a acusar de tramposo. Todos querían la oportunidad de sacarme del cuadro. Los alumnos más grandes comenzaron a agredirme con insultos y empujones ocasionales al acercárseme. Se unieron para sacarme del juego, pero fracasaron, y yo continué descalificándolos a todos, haciendo que se enfurecieran. Cuando sonó la campana y todos regresaron al salón, yo me sentía satisfecho de haberlos derrotado a todos, hasta los alumnos más grandes. Pero yo era el único contento; todos los demás estaban enojados, y continuaban alegando que yo era un tramposo.

En los siguientes dos días la situación en la escuela empeoró. Los alumnos eran groseros y la maestra me rechazaba. Yo estaba confundido. En las otras escuelas tuve éxito haciendo amigos. En esta escuela todos me odiaban. La maestra nunca cambió su actitud y me veía como un alumno indeseable. Ella nunca mostró aprecio por mi buen comportamiento y mi participación. A pesar de mis desventajas, siempre hacia mi mejor esfuerzo y trataba de sobresalir en la clase. En el campo de recreo, traté arduamente de adaptarme, pero fue en vano. La agresión aumentó, particularmente de un alumno grande del sexto grado quien se molestaba por no poder ganarme en ninguno de los juegos. Él era el bravucón de la escuela y siempre me agredía. Él trató de intimidarme con groserías y empujones cada vez que se le presentaba la oportunidad. Yo no le tenía miedo, pero intenté evitarlo, pensando en lo que me había dicho mi mamá, "pórtate bien," pidiéndome que no causara problemas. Pero al pasar de los días, se hacia cada vez más difícil de seguir los consejos de mi mamá. El comportamiento abusivo de algunos alumnos se estaba haciendo insoportable. Un día, después de derrotar al bravucón en el juego de los cuatro cuadros, él me empujó tan fuerte que caí en el pavimento raspándome en el codo. Me levanté y traté de ignorarlo, pero el bravucón continuó empujándome y diciéndome "¡gallina!" Él simulaba el sonido de las gallinas como parte de la burla. Me empujó de nuevo, esta vez haciendo que yo cayera de sentón. Me enfurecí tanto que me olvidé del los consejos de mi mamá. Me levanté, hice un puño, y golpeé al bravucón en la cara rompiéndole la nariz y la boca. La sangre le corrió manchándole la ropa. Cuando vio la sangre, comenzó a llorar como un niño y corrió a quejarse con la supervisora más cercana. En ese momento, yo sabía que estaba en un grave problema.

La lluvia cesó y mis papás pudieron trabajar. Lo peor ya había pasado y habíamos sobrevivido. Hubo ocasiones cuando tuvimos que comer naranjas para calmar el hambre. Era una fortuna que nuestros papás trabajaran en la pizca de la naranja porque siempre teníamos una gran reserva de esta deliciosa fruta. Hacíamos jugo de naranja y cóctel de fruta para complementar nuestras comidas compuestas de frijoles, papas, huevos y tortillas. Mi hermana, hermano y yo usualmente pelábamos y nos comíamos las naranjas más grandes mientras jugábamos lotería o baraja con nuestra prima Sara. Como yo estaba suspendido y mi hermana tenía miedo de regresar a la escuela, teníamos mucho tiempo para jugar. Nuestra experiencia en la escuela había sido intimidante y les rogamos a nuestros papás no mandarnos más. Bajo las circunstancias, mis papás planearon en mudarnos de nuevo en busca de algo mejor. Nuestro problema en la escuela y la escasez de trabajo nos dejaba pocas opciones. Un amigo de mi papá nos había invitado a cambiarnos al otro lado de las montañas, a un pueblito en el valle de Salinas llamado King City. El área era reconocida por sus bastas cosechas de zanahoria y tomate así como otros productos, incluyendo lechuga. Íbamos a trabajar para la compañía Tomates Meyer, un gran productor y cosechador de tomates. Mi papá dijo que había mucho trabajo y la compañía ofrecía viviendas para las familias. Parecía una buena oferta y estábamos ansiosos por irnos lo más pronto posible, y así lo hicimos.

EL VIENTO

El viento soplaba muy fuerte causando que nuestro carro se
sacudiera al salirnos de la carretera y entrar a un camino chico. Cruzamos
las vías del ferrocarril y subimos por una loma. El campo Meyer estaba en
la cima de un cerro con vista al pequeño pueblo. Era un lugar tenebroso.
El campo semejaba una fortaleza antigua del tiempo de los caballeros.
El perímetro estaba formado por barracas viejas. Una hilera de chozas
destartaladas para las familias delineaban un lado y enfrente al cruzar el
lote había unas cuantas barracas grandes para alojar a los hombres solos,
usualmente lechugueros. Los otros dos lados eran formados por cocinas
y comedores comunales. Enfrente se encontraban los baños.

Nos bajamos del carro a estirarnos mientras mi papá hacía el trato
para agarrar nuestra vivienda. El viento casi nos tumbó. Era tan fuerte
que nos forzó a buscar refugio. El amigo de mi papá dijo que el clima
era de mucho viento todo el año, pero que pronto nos acostumbraríamos
a las condiciones. Sarcásticamente nos referimos al lugar como la tierra
de los despeinados, pues era imposible mantener el pelo arreglado por el
viento.

La loma alrededor del campo estaba llena de arbustos secos que
proveían alojamiento a muchos animales: incluyendo topos, conejos,

71

lagartijas y culebras. En el fondo del cerro, estaba un empaque y la oficina principal de la compañía Joe Maggio. Eran los cultivadores más grandes de esa región. Ellos empacaban principalmente zanahoria pero también cosechaban chile y lechuga. En seguida del empaque estaba un pequeño río. Cruzando el río estaba el campo familiar donde vivían los trabajadores de la Maggio. El campo era agradable; las viviendas estaban bien conservadas y rodeadas de lotes con pasto. Le preguntamos a nuestro papá acerca de mudarnos a ese campo. Nos dijo que era únicamente para las familias que trabajaban en esa compañía. Mi mamá nos consoló diciendo que algún día tendríamos una vivienda en ese campo. Nos apresuramos a descargar nuestras cosas y acomodarnos en nuestra nueva casa. Se sentía bien tener un lugar donde protegerte del terrible viento.

King City era una pequeña comunidad agrícola con una población de mexicanos muy grande que se duplicaba durante la cumbre de la cosecha. La escuela San Lorenzo era severamente impactada por el fenómeno de la migración de trabajadores del campo. El grupo étnico más grande eran los trabajadores mexicanos quienes vivían, en su mayoría, en el lado este del pueblo o concentrados en los campos. La población anglo eran en su mayoría agricultores, negociantes y profesionales viviendo en el noroeste del pueblo o en ranchos cercanos. Durante el ciclo escolar, los dos grupos se integraban en la misma escuela sin incidentes mayores. La cultura de la escuela se adaptaba a las necesidades de los hijos de los campesinos. Este ambiente disipó nuestro miedo a la escuela el cual adquirimos gracias a las pasadas experiencias. Nos adaptamos rápidamente; mi hermana y yo hicimos amigos con alumnos que vivían en el mismo campo. Jugábamos juntos en el recreo y socializábamos en casa a diario. Nuestra actividad más común era buscar refugio del viento en uno de los comedores comunales y escuchar las dos horas de música en español que tocaban a diario en la estación de radio local. El pueblo proveía algunos servicios básicos y entretenimiento para los trabajadores que vivían en King City, en pueblos circunvecinos y campos en los alrededores. Había un cine que pasaba películas mexicanas los miércoles y en inglés los sábados y domingos. Había servicios religiosos en español en la iglesia católica principal. Una feria llegaba al pueblo durante el verano y los negocios locales patrocinaban un baile por semana en los terrenos de la feria donde famosos grupos hispanos tocaban para divertir a los exhaustos trabajadores. También había un hospital, un mercado "Safe Way", una tienda de ropa, algunos negocios y muchas cantinas. Las barras eran muy populares y muchos trabajadores, como mi papá, se gastaban el dinero emborrachándose en las tardes o los fines de semana.

EL CICLO

La mayoría de las familias de trabajadores del campo seguían un patrón de vida similar. Hacían arreglos para proveer cuidado para los niños chicos mientras, los más grandes tenían que vérsela por ellos mismos para prepararse para la escuela. Algunos lugares permitían a las familias llevar a sus niños al trabajo en los fines de semana, días festivos o vacaciones de verano. Las familias grandes tomaban ventaja de estas oportunidades y se ahorraban el costo del cuidado de los niños. Los más grandes podían ayudar con la pizca, generando más dinero. Esta rutina se repetía durante toda la temporada de cosecha. Al final, las familias se mudaban a otras áreas donde comenzaría una nueva cosecha que les proveería con trabajo. Muchas de las familias en King City regresaban al Valle Imperial a continuar con el ciclo de las cosechas. Trabajaban la primavera y el verano en King City y el otoño e invierno en el Valle Imperial. La migración tenía sentido; las dos áreas tenían escasez de trabajo y climas extremos durante la temporada baja. El Valle Imperial tiene record en sus altas temperaturas de verano que alcanzan hasta 125 grados Fahrenheit, mientras que King City tiene una temporada de copiosa lluvia en el invierno. Mi familia hizo nuestra base en el Valle Imperial, lo más cerca de la frontera. Desarrollábamos nostalgia durante nuestra larga estancia en el norte; nuestro regreso al Valle Imperial era de júbilo. Nos gustaba vivir en King City, pero considerábamos al Valle Imperial como nuestra casa. Era una rutina conveniente para mi familia y esta práctica se repitió por muchos años.

Los primeros años mi mamá y papá trabajaron juntos en el cortito o cosechando algunos vegetales. Mi tío le insistía a mi papá a que aprendiera a cosechar lechuga.

"Pá que seas lechuguero y ganes muchos dólares," solía decirle.

Era un trabajo muy físico y exigente pero dejaba mucho más dinero que cualquier otro trabajo del campo. Mi papá se rehusaba de primero, pero después él siguió los consejos de mi tío. Él empezó a aprender el oficio de los lechugueros. La transición de mi papá a la lechuga trajo más oportunidades a la familia. Mi papá fue empleado por Joe Maggio. La compañía tenía trabajo en el Valle Imperial y King City. Por lo tanto, mis padres tendrían trabajo todo el año pues la Maggio cultivaba varios productos en los dos valles. Lo mejor de todo era que la compañía proveía viviendas adecuadas en King City. Estábamos muy contentos; por fin podríamos vivir en ese campo tan hermoso de la compañía durante el verano. Esta serie de eventos le dio más estabilidad a nuestra familia. Por tres años nos habíamos cambiado a muchos lugares en busca de trabajo. El cambio constante de escuelas había sido muy difícil para los niños. Siempre éramos los niños nuevos en extraños y a veces hostiles ambientes. Ahora, solo estaríamos en dos escuelas durante el año. Podríamos hacer amigos y conservarlos. Mi papá trabajaba en la lechuga mientras mi mamá cosechaba otros productos en la misma compañía. Mi hermana Silvia y yo podríamos trabajar durante los días festivos y el verano para incrementar el ingreso de la familia.

"Esta es tu cabina," dijo el campero.

Él nos mostró la vivienda y entramos a explorarla. Era más grande que todas las anteriores donde habíamos vivido desde nuestra llegada, unos años antes. Tenía dos recamaras, una cocina y una área grande que servía de combinación comedor y sala. Lo más importante era que tenía un baño interior completo con regadera y lava manos. Nos sentíamos como realeza. El campo tenía las mejores viviendas accesibles en la región. Era lo mejor que habíamos tenido.

Los primeros días fueron aburridos pues éramos la primera familia en llegar. La mayoría de los residentes eran zanahorieros y su temporada comenzaba unas semanas más tarde. Nada más había unos cuantos desahijadores que trabajaban en el cortito desahijando lechuga.

"Los zanahorieros llegaron," gritó mi mamá por la ventana.

Todos corrimos fuera y presenciamos la llegada de una caravana formada por cinco camionetas y dos carros. Venían cargados con maletas, cajas de cartón, y otros artículos colgando de parrillas y cajuelas entreabiertas. Había una camioneta azul, modelo viejo con un niño con cabello anaranjado, sonriente, viendo por la ventana abierta.

"Parece una zanahoria," dijo mi hermana.

La semejanza era increíble.

"A la mejor es por que comió muchas zanahorias," agregó mi hermana sonriendo. "Esta curioso," dijo ella mientras seguía el vehículo con la vista hasta que se detuvo a unas cuantas cabinas de nosotros.

Era una familia grande. Nos acercamos para verlos descargar sus pertenencias. Todos ayudaban. Vimos a una muchacha y un muchacho de nuestra edad y dos niños más chicos, menores de diez años. Eran buenas noticias para nosotros. Después de varias semanas sin amigos en el campo, deseábamos a alguien con quien convivir las tardes de fuerte viento de King City.

Mi hermana, hermano y yo estábamos acostumbrados a estar solos por tiempos prolongados. Habíamos aprendido a jugar juntos. En tiempos de soledad disfrutábamos de la lectura. Mi hermana Silvia y yo éramos unos lectores dedicados. Devorábamos dos o tres novelas a la semana; estábamos adictos. Casi siempre éramos los mejores lectores en la escuela. Leíamos libros en inglés y español. A mí me gustaba de todo: ficción, biografías, historia, caricaturas, aventuras y novelas de amor. A mi hermana también le gustaban los mismos libros y usualmente los compartíamos. Uno de nuestro pasatiempo favorito era ir a la biblioteca. Sacábamos hasta tres libros. Pero, también era maravilloso tener amigos con quien convivir. Éramos jóvenes y nuestros intereses también incluían juntarnos, platicar y escuchar música. Ahora, con todas estas familias que estaban llegando tendríamos amigos de nuestra edad.

Pronto hicimos amigos y nos juntábamos en la escuela y en las tardes socializábamos. Por lo general escuchábamos música dentro de la lavandería que nos servía de refugio del fuerte viento. Mi hermana hizo amistad con una muchacha llamada María Elena. Ella era la hermana del niño con el pelo anaranjado. A mi no me caía bien. Ella era la muchacha más bonita de la escuela, pero yo odiaba su forma de coquetear. Se vestía en unas faldas muy cortitas, enseñando sus piernas flacas. Caminaba moviendo las caderas de una forma que llamaba la atención de todos los muchachos de la escuela. Yo sentía que provocaba a todos con su belleza y sus exagerados vestuarios. Yo me peleaba constantemente con mi hermana cuando las veía juntas.

Primer toma, izquierda a derecha, Juanito (hermanito), Jesús (primo) y María Elena

Toma central, izquierda a derecha, María Elena, Lucio y Silvia

Tercer toma, María Elena un año antes de conocer a Lucio

"No me cae bien tu amiga. No la traigas a la casa. Ella no es nada bueno para ti, mensa," yo le decía a Silvia.

Ella siempre me contestaba enojada con insultos.

"Tú no me vas a decir con quién me junte, pendejo", ella me gritó.

María Elena siempre era buena conmigo. Me sonreía, pero yo nunca le regresaba la sonrisa. Al contrario, yo siempre ponía una expresión agresiva con esperanza de hacerla sentir mi rechazo. Yo quería que se diera cuenta que no me agradaba y la quería lejos de mi. Sin embargo, cuando se iba, me le quedaba viendo hasta que la perdía de vista. No comprendía por que siempre me daba por espiarla por la ventana. Mi hermana notó como me le quedaba viendo a María Elena, y me bromeaba.

"¿A poco no se ve bien en ese vestido?" Silvia me preguntaba. "Se me hace que te gusta," agregaba.

Yo intentaba ignorarla y rechazaba todo lo que me decía de ella. Cuando María Elena se me acercaba siempre la rechazaba pero cuando la miraba platicando con otros muchachos, me daba coraje. La odiaba aun más por creída.

Pasear en carro, comúnmente conocido como "crusing", era muy popular en King City. Los jóvenes que tenían acceso a un carro se la pasaban manejando por horas de arriba a bajo de la calle Broadway. Manejaban muy despacito con sus radios o toca cintas a todo volumen. La mayoría de los jóvenes anglo que paseaban, lo hacían en bonitos carros sport: tenían Thunderbirds, Firebirds y Camaros. Los jóvenes mexicanos eran afortunados de poder pasear en la camioneta de la familia. Algunos de los más grandes, los que trabajaban de planta, ahorraban lo suficiente para comprar Chevys y Fords usados. Uno de mis amigos, Fidéncio, tenía un 1963 Impala. Yo, usualmente paseaba con él y otros amigos. Cuando Fidéncio no se encontraba, le pedía la camioneta a mi papá. A Silvia y a mi nos gustaba pasear cuando mi papá nos permitía usar el carro de la familia. Nos comprábamos una bolsa de cerezas y dábamos la vuelta por la Broadway escuchando música de los Freddy's, Little Joe y los Relámpagos del Norte.

Era común y conveniente que las familias de trabajadores del campo enseñaran a sus hijos a manejar a una edad temprana. Yo aprendí a manejar a los doce años de edad. Me sentaba en una almohada para aparentar ser más grande y usaba un sombrero para verme más viejo. Al principio, yo solo manejaba en caminos de tierra o alrededor de los files. Mi papá me mandaba a mover el carro y mantenerlo lo más cerca posible durante el día pues ahí teníamos nuestra hielera con agua fría, bebidas y nuestra comida. Muy pronto, yo aprendí a manejar en las calles de la ciudad. Yo llevaba a mi mamá a la lavandería o hacer mandados a la tienda. Después empecé a manejar en la carretera. Era muy práctico para mi papá, sin la preocupación de manejar a casa, él usualmente se emborrachaba cuando íbamos de visita con amigos. En una ocasión fuimos al Valle Imperial a visitar familia y atender unos asuntos en el fin de semana. Mi papá se emborrachó y no podía manejar de regreso. Mi mamá estaba furiosa, ella se preocupaba de perder de trabajar el siguiente día.

"Por culpa de tu pinchi vicio vamos a perder de trabajar," le dijo a mi papá enojada.

Mi papá balbuceó algunas frases incomprensibles y continuó dormido, roncando tan fuerte como un león.

"No te preocupes, yo manejo," le dije, tratando de consolarla y jugando el papel del hombre responsable de la familia.

Mi mamá confiaba en mi habilidad de manejar más que mi papá cuando este estaba intoxicado. Yo tenía experiencia manejando en la carretera, pero nunca había manejado por Los Ángeles; era un gran reto que yo estaba ansioso de tomar. Subimos a mí papá en la parte trasera de la camioneta, donde continuó durmiendo durante todo el viaje. Aseguramos a los niños más chicos en el asiento de atrás y proseguimos con nuestra travesía de 550 millas. El viaje fue emocionante. Fue tenso cuando estaba en el denso tráfico de Los Ángeles, pero me proporcionó la sensación de un gran logro. Me emocionaba poder rebasar muchos carros cuando mi mamá se distraía y no miraba el velocímetro. Cuando sentía que íbamos muy recio me urgía que bajara la velocidad. Sentí un alivio cuando llegamos a nuestro destino. Pude ayudar a mi mamá y me había ganado el derecho de pedir el carro prestado cuando lo necesitara.

"¿Que onda güey, vas a ir al baile?" Me preguntó Fidéncio.

Se había estacionado al lado del lote de mi casa y saltó del carro entusiasmado sobre nuestros planes de ir al baile. El baile semanal era la mejor diversión en King City. Los terrenos de la feria eran famosos en todo el valle por sus bailes. Muchos grupos musicales tejanos y mexicanos tocaban para entretener a los agotados trabajadores. Esta semana sería uno de los eventos más emocionantes; se iban a presentar Los Relámpagos del Norte. Eran uno de los grupos más populares y el baile prometía ser grandioso. Se le promovió cien millas a la redonda, por todo el valle. Todos nuestros conocidos tenían planes para asistir.

"Simón, no me lo perdería por nada del mundo," le contesté con entusiasmo.

"Necesitamos llegar a la feria temprano para que mi papá nos pueda dejar entrar gratis," dijo Fidéncio, orgulloso de su influencia en el evento.

El papá de Fidéncio atendía el puesto de concesión y tenía acceso al piso de baile.

"Necesitamos esperar a Erácleo," le contesté. "No debe de tardar."

Erácleo era uno de nuestros amigos quien trabajaba con nosotros durante el verano cosechando chile campana. Él era más grande que nosotros y no iba a la escuela. Él se había salido y trabajaba tiempo completo.

"¿Va a venir?" Preguntó Fidéncio. "¿Consiguió la cerveza?

"Si," le contesté. "Su hermano nos compró una caja de Coors. Él llegara pronto. Hay que esperarlo."

Erácleo tenía una familia numerosa. Él tenía hermanos y hermanas mayores y se le permitía tomar. Nos compraban cerveza cada semana para entrar alegres al baile.

"Podemos tomarnos la cerveza en mi casa. No está nadie," dijo Fidéncio. "Pero tenemos que apurarnos antes de que los patrocinadores del baile lleguen a la feria. Si nos demoramos, tendremos que pagar la entrada al baile. Esta semana cobrarán diez dólares."

Vimos a Erácleo venir y le urgimos que se apurara.

"Apúrate güey," le gritamos Fidéncio y yo.

Después de tomar unas cervezas, nos dirigimos al baile. Dejamos unas cervezas en el carro para más noche.

Desde el interior del puesto de concesión vimos como la gente empezó a llegar en abundancia al salón de baile. Todos traían sus mejores vestimentas. Los hombres vestían en sus Levis, coloridas camisas a cuadros y sombrero tratando de verse lo más norteño, o tejano posible. Las mujeres se miraban atractivas, excesivamente maquilladas y en mini-faldas. Las muchachas solteras sonreían, coqueteando con los hombres al entrar, mientras que las casadas entraban serias evitando atraer la atención de otros hombres para evitar un arranque de celos de sus maridos. Muchos hombres casados iban solos con intención de conquista mientras sus esposas se quedaban en casa al cuidado de los niños. Todos pretendían estar felices; se olvidaban de sus problemas y trataban de divertirse por unas horas. Los hombres eran atentos con las mujeres con la intención de impresionarlas. Ellos evitaban translucir su machismo y sus malos modales, lo cual arruinaría su oportunidad de establecer una plática con las muchachas. Las muchachas mostraban su desacuerdo a este tipo de comportamientos rehusándose a bailar. Pero eran muy complacientes cuando los hombres las trataban con respeto. El baile les daba un poder a las mujeres, las cuales, en otras situaciones, solían ser abusadas y sometidas por los hombres en sus vidas: padres, hermanos, novios, esposos y patrones.

En eso, un grupo de muchachas hermosas pasó frente a nosotros coqueteándonos, como invitándonos a bailar.

"Mira ese ramillete de flores," dijo Erácleo, refiriéndose a las hermosas muchachas. "Creo que quieren bailar conmigo," él insistió.

"Buena suerte," dijo Fidéncio, riéndose. "Usa algo para cubrirte la nariz," insistió burlesco.

Fidéncio sabía que las muchachas trabajaban en el "Basic", un empaque que procesaba ajo y cebolla. Todos los que trabajaban ahí se penetraban del fuerte olor a ajo. Se podía oler le peste de lejos y se tornaba incomodo estando cerca. El olor era una inconveniencia que manchaba la belleza de las muchachas.

El piso de baile estaba lleno de parejas divirtiéndose con la música. La mayoría de las parejas bailaban al estilo tejano, usando varios pasos, deslizándose alrededor del piso. Algunos bailaban para llamar la atención con su agilidad. Otros bailaban pegaditos, en su intimidad abrazándose y besándose en muestra de su atracción mutua. Fidéncio y Heracleo tenían novias y las estaban esperando. Cuando las muchachas llegaron bailaron de cachetito, platicando y besándose. Yo no era tan afortunado, por lo tanto tenía que esperar que las muchachas que conocía estuvieran disponibles. Conseguir pareja para bailar era toda una competencia. Había muchos hombres para pocas muchachas solas y ellas se daban el lujo de escoger con quien bailaban. A mi no me gustaba ser rechazado por lo tanto sacaba a bailar solamente a muchachas que era seguro que bailaran conmigo. Yo conocía algunas muchachas del campo y de la escuela. También conocía a algunas muchachas del trabajo, pero eran difíciles de identificar. En el trabajo, ellas se cubrían la cara con pañoletas, lentes y sombreros grandes. En el baile, era difícil reconocerlas en su glamoroso atuendo. El baile fue todo un éxito. Como siempre sirvió su propósito; la gente se divirtió y olvidó sus problemas por unas horas. Al siguiente día todos regresaban a sus rutinas normales.

Trabajar en los campos era duro para todos, pero más para las mujeres. Trabajaban tan duro como los hombres, pero se les pagaba menos nada más por ser mujeres. Después del trabajo, muchos hombres se iban a casa a descansar o tomarse unas cervezas con sus amigos en la cantina "Nina", una barra popular en la calle Broadway. En cambio las mujeres tenían que continuar con los quehaceres de la casa: limpiando, lavando la ropa y preparando la comida. Yo odiaba ver a mi mamá con tanto trabajo mientras mi papá se emborrachaba con sus amigos.

Las mujeres también sufrían muchas injusticias trabajando en los campos. Eran discriminadas y abusadas. Tan solo para ir al baño era siempre difícil para las mujeres. Los hombres nada más se iban a la orilla, en algún canal o detrás de un arbusto. Las mujeres necesitan más privacidad, pero lo mejor que les proveían eran baños portátil los cuales siempre estaban sucios porque no los limpiaban o por que se derramaban cuando eran transportados por los caminos disparejos. Las mujeres también tenían que soportar el lenguaje abusivo de los hombres. Era común que los mayordomos se impusieran en las mujeres solas y algunas casadas. Eran victimas de abuso sexual; se les pedía favores sexuales a cambio de seguridad en el trabajo. Algunos mayordomos abusivos tomaban ventaja del estado ilegal de algunas mujeres las cuales no podían rechazar los avances sexuales por el miedo de ser reportadas a la migración y ser deportadas.

Durante el verano, yo trabajé pizcando chile campana. Era una cuadrilla grande de más de cien trabajadores, de los cuales solo veinte eran legales. El resto, no tenían papeles. Cuando la migra llegaba a revisar nuestros documentos, todos huían o eran arrestados. La cuadrilla quedaba muy reducida por unos días hasta que regresaban los que se habían ido, o hasta que el mayordomo contratara nuevos trabajadores ilegales. Los que éramos legales recibíamos favoritismos por ser trabajadores confiables los cuales continuábamos con la cosecha después de las redadas. Yo era parte de una cuadrilla de seis cargadores. Fidéncio y Heracleo también estaban en la cuadrilla. Los otros miembros eran el Chato, el Indio y Javier. Los pizcadores llenaban los botes con chile campana y nosotros los cargábamos en unos remolques.

"¡Hey Lucio! Mueve el carro a esta orilla del fil," gritó Fidéncio. "Ya casi es hora del descanso y traigo unos tacos en mi lonchera."

Nos estábamos acercando a una orilla del fil y su carro estaba en el lado opuesto. Yo corrí hasta el carro el cual estaba a un lado del camión que transportaba el resto de la cuadrilla. Al acercarme al camión escuché un lamento, luego una voz femenina implorándole a alguien la dejara en paz.

"No por favor," decía la mujer.

Luego escuché una voz masculina.

"No te va a pasar nada si no resistes," dijo el hombre en una voz amenazadora.

Reconocí la voz del hombre. Era el mayordomo, "el Zopilote". Ese era su apodo. Le decían el Zopi en corto. Basado en los ruidos y el intercambio de palabras, asumí que el trataba de forzar a una de las muchachas ilegales. Él había estado cortejando a una mujer y sus tres hijas jóvenes. Las había contratado sabiendo que eran ilegales y sus intenciones eran seducirlas. Aislaba a las muchachas del resto de la cuadrilla dándoles la labor de limpiar el camión. Después, cuando la cuadrilla estaba lejos, él se iba al camión y las molestaba. Basado en los rumores, él había seducido a la mamá y las dos hijas más grandes. Él iba tras su presa más joven, Carmen, quien tenía solo quince años. Me daba fastidio tener que ser testigo de esta agresión. Yo sabía que era poco lo que podía hacer. La familia estaba amenazada por el Zopi. Ellas tenían miedo ser deportadas. Intencionalmente, hice un ruido fuerte y asusté al Zopi. Asustado por el ruido dejo ir a la muchacha. Zopi no quería testigos de sus atropellos. La jovencita corrió llorando. Yo me quedé hasta que ella estaba lejos del camión, fuera del alcance del Zopi.

Manejé el carro hasta donde la cuadrilla tomaba su descanso. Estaba enojado, pero contento de haber detenido la acción del mayordomo.

"Agarré al pinchi Zopi tratando de violar a la más chica de las muchachas nuevas," les dije a mis amigos. "La mando a limpiar el camión y después allá le salió de repente."

"Pinchi Zopilote, me vio hablándole a Carmen y me amenazó con despedirme si le volvía hablar," dijo el Indio. "Quiere a todas las muchachas para él."

"Nomás las mojadas," dijo Fidéncio molesto por el incidente. "Pinchi joto, se aprovecha de ellas."

Zopi se acercó a la cuadrilla. Estaba molesto, y cruzaba los surcos caminando nerviosamente, pretendiendo inspeccionar las canastas llenas de chile campana y los surcos ya pizcados. Se acercó a Carmen y su mamá varias veces, deteniéndose y mirándolas fijamente en forma intimidante. De repente, se detuvo a unos metros de nosotros volteado hacia la cuadrilla y su espalda hacía nosotros. Se paró con los brazos cruzados perdido en sus pensamientos. Nosotros nos miramos uno al otro y sonreímos silenciosamente. Fidéncio agarró un chile campana grande y duro. Nos lo enseñó e hizo el movimiento de lanzarlo hacia el Zopi. Nos vimos uno al otro y asentimos, comprendiendo la broma. Cada quien escogió el chile campana más duro a su alcance. Todos le apuntamos y al mismo tiempo lanzamos los chiles hacia su cabeza lo más fuerte posible. Los chiles se despedazaron en la cabeza y espalda del Zopi, atontándolo. Se dejó caer al suelo cubriendo su cabeza confundido por los inesperados impactos en su cuerpo. Se levantó furioso cuando identificó los inofensivos proyectiles y de donde venían. Zopi se puso de pie y se dirigió a nosotros enfurecido.

"Hijos de su #@%," gritó el Zopi, dirigiendo su rabia hacia nosotros.

Él sabía que los chiles procedían de donde estábamos nosotros pero no sabía quien los había tirado.

"Me la van a pagar hijos de su #@%," nos repitió.

De repente se detuvo y comenzó a reírse como un demente.

"¡Tienen celos!" Gritó Zopi con inmensa alegría. "Están enojados porque todas las muchachas de esta cuadrilla son mías."

Se carcajeó brincando como un loco.

"¡Son mías, escuchan! Son mías aunque les arda," nos gritó el Zopi.

Estaba disfrutando su momento de supremacía. Nos miró desafiante. Luego se dio la vuelta y se fue, riéndose y balbuceando groserías dirigidas a nosotros.

"Se encabronó," dijo el Indio, sonriendo disfrutando el resultado de la broma.

"Va haciendo chile con el yo-yo," Fidéncio agregó sarcástico.

"Nos va a correr," dijo el Chato, preocupado de la reacción del Zopi. "Es vengativo. Nos va a poner bola negra con todos los patrones del valle."

"Que se meta el jale por el yo-yo," les dije. "No hay que preocuparnos de perder el trabajo. Él nos necesita; somos los únicos cargadores legales en la cuadrilla. No se va a arriesgar perdernos. Además, yo ya no tengo ganas de seguir trabajando aquí. No soporto ser testigo de toda esta explotación."

Zopi no se nos acercó por el resto del día. Se aisló del resto de la cuadrilla dejando la supervisión a sus asistentes. Él miraba la cuadrilla desde lejos. Parecía estar pensando, tal vez planeando su revancha en contra de nuestra rebeldía.

Al final del día, los pizcadores fueron transportados en el camión de regreso a sus casas. Nosotros siempre nos quedábamos por lo menos una hora terminando de cargar los chiles campana para después regresar a casa en nuestro carro. Zopi nos esperaba en la orilla del fil, enseguida del carro de Fidéncio.

"No hay resentimiento," dijo cínicamente al acercarnos. "Merezco la broma."

Dejó escapar una larga carcajada.

"Escuchen," dijo Zopi. "Ustedes necesitan el trabajo y yo necesito buenos cargadores. Vamos haciendo un arreglo. Ustedes no se meten en mis asuntos y yo olvidaré el incidente."

Se volvió a carcajear. Luego su expresión se torno amenazante.

"Pero si continúan interfiriendo, me la van a pagar. Ustedes saben que puedo," nos amenazó.

Zopi se dio la vuelta, caminó hacia su camioneta y se fue. Nosotros nos miramos uno al otro confundidos en lo que había que hacer al respecto.

"Yo no se ustedes, pero yo voy a buscar trabajo en otro lado," les dije a mis amigos.

Todos estuvimos de acuerdo no regresar el próximo día en protesta. Decidimos buscar trabajo en otra cuadrilla. La cosecha estaba en su apogeo y había muchos lugares donde trabajar.

Fidéncio me dejó en mi casa después del trabajo. Mi papá me enfrentó en cuanto entre por la puerta. Me exigía una explicación de mi comportamiento con el Zopilote. Aparentemente las noticias del incidente se trasladaron rápidamente; mi papá ya lo sabía antes de que yo llegara a casa.

"¿Que chingados pasó?" me gruñó mi papá. "El Zopi es un buen amigo. Nos hace muchos favores cuando trabajamos con él. ¿Porque tienes que meterte en sus asuntos? Me cuestionó a gritos.

Mi papá prosiguió con un largo sermón que yo traté de ignorar. Me provocó con insultos y ordenándome que fuera a pedir una disculpa al Zopi. Yo le aclaré que no me disculparía. Traté de justificarme pero él no entró en razón conmigo.

"Nada más le pegamos con chiles campana. No se lastimó," yo dije sarcástico.

"Le hubieran mochado los huevos al cabrón," dijo mi mamá reprochando el abuso del Zopi.

Mi mamá me defendió. Mi papá era un hombre muy grande y se volvía violento cuando se enojaba.

Mi mamá previno a mi papá de cualquier agresión contra de mi.

"Déjalo en paz," me defendió valientemente.

Ella estaba cansada de escuchar sus insultos y amenazas cada vez que se emborrachaba. No estaba dispuesta a dejarlo agredir a sus hijos nunca jamás.

Yo no quería que el enfrentamiento se hiciera más grande; me salí de la casa hasta que las cosas se calmaran.

"Está loco. Pedirle disculpas a ese cerdo. Mejor me muero," murmuré a mi mismo.

Además, yo ya había decidido no volver a trabajar con el Zopi jamás. Heracleo tenía un tío mayordomo y necesita trabajadores. Trabajaría con él, el resto del verano. Caminé por la calle en la tarde fría, esperando que mi papá se saliera de la casa. Siempre pasaba así. Él provocaba un conflicto y después lo usaba como excusa para irse a la cantina a continuar bebiendo.

LOS CHAVISTAS

"¿Quieres ir a Salinas?" Me preguntó mi mamá.

"Si. ¿Quieres que vaya?" le pregunté sonriendo.

Era emocionante ir a Salinas en los fines de semana. Era bueno salir de la monotonía de King City. Salinas es una ciudad más grande y había muchas cosas que hacer. Usualmente íbamos de compras a la "Monte Mart", una tienda de departamentos muy grande. El Monte Mart siempre estaba bien surtido. Se podía encontrar comida, ropa, utensilios electrónicos y muchas cosas más. "El Burrito" era una tienda de abarrotes que vendía casi puros productos mexicanos: tortillas, especies, revistas y otras cosas populares entre los campesinos. También había un parque grande donde íbamos a comer pollo del "Kentucky Fried Chicken" y a asistir a varias actividades que tomaban lugar durante los fines de semana. Había grupos musicales que tocaban gratis para el público. En ocasiones, mirábamos bailables, y pequeños circos ambulantes o ferias. Esta semana había una gran junta para los trabajadores del campo. Un activista popular, Cesar Chávez, iba a dar un discurso para conseguir el apoyo para la "United Farmworkers of América", una unión de trabajadores que intentaba organizar la labor del campo. Mi mamá y mi papá platicaron de ese tema durante el viaje de 50 millas desde King

City. Ellos decían que los campesinos estaban cansados del maltrato de los patrones. Los trabajadores alegaban ser explotados y abusados y que necesitaban protección de la unión para ganarse el respeto, mejores sueldos y beneficios apropiados. Cientos de gentes asistieron la asamblea. Muchos fueron a apoyar la causa; otros nada más por curiosidad.

Había mucha gente intimidada por los futuros acontecimientos. Una posible huelga significaba perder de trabajar y enfrentar posibles dificultades. Había muchos relatos de incidentes violentos entre los Chavistas y los patrones. Los dos bandos se echaban la culpa de iniciar las confrontaciones. Los Chavistas formaban su línea de huelguistas en lugares estratégicos donde tapaban la entrada, a los quiebra huelgas, a los files donde trabajaban. Los esquiroles trataban de forzar su entrada mientras los Chavistas ponían una tenaz resistencia. Los enfrentamientos incluían acoso verbal y puñetazos. En algunas ocasiones, las cosas se salían de control y se lanzaban piedras, quebrando ventanas y lastimando gente de los dos bandos. Los patrones contrataban guardaespaldas armados para proteger a los esquiroles e intimidar a los huelguistas. Los guardias patrullaban la orilla de los files con perros feroces y enseñándoles sus armas a los huelguistas con la intención de asustarlos. Los Chavistas no se dejaban intimidar. Al contrario, veían las demostraciones de poder como una provocación para escalar la violencia. Los líderes de la unión siempre predicaban no-violencia. Decían en sus discursos que la violencia no beneficiaba a la unión. Los líderes animaban a sus seguidores a controlar sus emociones y evitar incidentes violentos. Era importante conservar una imagen y reputación pacifica para ganarse el apoyo de los poderosos políticos y la población en general.

En una orilla del parque estaba una plataforma grande. Varios oradores se subían a dar discursos de apoyo. Tratamos de acercarnos lo más posible para escuchar mejor. Había un gran entusiasmo en la multitud. Su líder, Cesar Chávez, daría un discurso para dar comienzo a la campaña en Salinas. La unión había tenido una gran campaña en el centro de California. Compañías grandes, cultivadoras de uvas, habían firmado contrato con la unión y los trabajadores. Estos contratos proveían a los miembros de la unión con beneficios médicos, vacaciones pagadas, mejores salarios y más importante, respeto para los trabajadores. Era una gran victoria, la unión se había ganado respeto y aceptación. Querían extender su éxito a otras áreas y Salinas era la más importante en esta etapa de la temporada de cosecha. Lo último que la unión deseaba eran incidentes violentos que desprestigiaran la imagen pasiva que se había proyectado hasta ahora.

Cesar Chávez subió al escenario a dar su discurso entre una fuerte ovación de sus seguidores. Todos gritaban emocionados.

"¡Viva Chávez! Exclamó la multitud.

"¡Viva la huelga! ¡Vivan los campesinos!" Los Chavistas insistían.

El entusiasmo era contagioso; hasta Yo canté la canción De Colores con toda la gente. Cesar Chávez habló del enfrentamiento con los rancheros. Él dijo que era esencial apoyar el movimiento hasta el final. Habló de boicotear productos de la compañía más grande, Sun Harvest, para presionar la industria lechuguera a firmar un contrato decente. La gente le respondió con porras de ¡Viva Chávez! ¡Viva la huelga! ¡Vivan los campesinos! ¡Abajo los rancheros! ¡Viva la causa! Él líder explicó los beneficios de un buen contrato. Él dijo que los contratos traerían estabilidad y prosperidad en los empleos y ayudaría a los hijos de los campesinos a obtener una buena educación. La gente le gustaba escuchar a Cesar Chávez. Le daba esperanzas a la situación desesperante de muchos trabajadores. Animaba a la gente a protestar y pelear por sus derechos. Él animaba a los padres a mandar a sus hijos a la escuela y buscar un mejor futuro por medio de la educación. Cesar Chávez no les temía a los poderosos rancheros. Era un gran ejemplo a seguir y les brindaba apoyo moral y emocional a los campesinos los cuales habían

trabajado bajo condiciones intimidantes por muchos años. Al final del
la asamblea la gente se marchó inspirada y entusiasmada a favor de La
Causa. Estaban dispuestos a salir en huelga para conseguir un buen
contrato.

"¡Mira, un chingo de carros! Dijo Fidéncio, impresionado por la
gran caravana acercándose al fil donde trabajábamos.

"¡Son los Chavistas!" Yo exclamé, asombrado por el espectáculo.

Los carros venían llenos de trabajadores oleando unas banderas. Las
banderas tenían los colores y emblema de la unión; rojas con un circulo
negro en el centro, y en medio una águila blanca. Cientos de Chavistas
rodearon el fil. La huelga había comenzado. Los Chavistas se bajaron
de los carros y se acercaron a la orilla del fil cargando sus banderas y
cartelones y gritando "¡Viva la huelga!

¡Únanse a La Causa compañeros!" Dijo un hombre con un micrófono
portátil.

Le pedía a la gente parar de trabajar y unirse a la caravana en muestra
de solidaridad. Él dijo que teníamos que hacer huelga para forzar al
patrón a negociar un buen contrato. Toda la cuadrilla paró de trabajar y
se dirigieron a unirse con la gente afuera del fil. No todos los trabajadores
simpatizaban con La Causa. Algunos murmullaron su descontento entre
si, pero siguieron las indicaciones, intimidados por las circunstancias. La
mayoría de la gente quería huelga. Mucha gente creía que duraría poco.
No percibían que podría volverse en un difícil conflicto y los huelguistas
tendrían que hacer un gran sacrificio para sobrevivir la lucha.

Seguimos la caravana hasta un lugar, grande aislado donde se
juntaban con otras caravanas. Había una tarima para llevar a cabo
una junta informativa. Uno de los oficiales de Cesar Chávez dio un
informe de los acontecimientos más recientes. Comunicó que la huelga
había sido oficialmente iniciada esa mañana y continuaría hasta que

los patrones firmaran un contrato. No se podía dar marcha atrás y todos los campesinos tenían que apoyar la causa para poder derrotar a los poderosos rancheros. El orador también dio información sobre los beneficios de la unión los cuales serían proveídos para la gente que ayudara en las líneas de huelga. Cada miembro de familia que participara en la huelga recibiría una ración de gasolina, un vale de comida y noventa dólares por semana. Todos confiaban que la victoria sería segura y sin demora.

Mi familia, al igual que la mayoría de la gente, al principio se unió a La Causa. Todos querían un contrato. Pero muchos fingieron unirse intimidados por la multitud que apoyaba la causa. Nadie quería tener un enfrentamiento con los Chavistas. Nosotros participamos en las líneas de huelga todos los días, por dos semanas. Había mucha acción en las mañanas cuando llegaban los esquiroles a los files a trabajar, rompiendo las líneas de huelga. Tratábamos de detenerlos con barreras de carros, ramas de árboles o artículos voluminosos. Hubo ocasiones en que la gente formó barreras humanas, solo para ser movidos por la policía la cual estaba alerta para prevenir actos de violencia. Algunos Chavistas tercos, que pusieron mucha resistencia, fueron golpeados con macanas y arrestados por la policía. Durante el día, vigilábamos los files donde trabajaban los esquiroles. Cuando los esquiroles se acercaban a la orilla, tratábamos de convencerlos que pararan de trabajar y se unieran a la causa. Algunos Chavistas perdían el control de sus emociones y les gritaban obscenidades a los quiebra huelgas. Pero los esquiroles estaban seguros detrás de las líneas de la policía. También tenían la protección de los guardaespaldas armados y con perros que patrullaban las orillas de los files. Al final del día, los enfrentamientos eran más intensos. Los Chavistas, frustrados por la esquiroleada, aumentaban los insultos y lanzaban piedras a los vehículos que transportaban a los esquiroles. Según progresaba la huelga, los incidentes violentos incrementaban y la gente se desmoralizaba. Era obvio que la huelga no tendría un final rápido como se había percibido al inicio.

Mis papás se empezaron a preocupar por nuestra seguridad. Eran presionados a trabajar, o abandonar la casa donde vivíamos. La casa era proveída por la compañía y no querían otorgar viviendas a nadie envuelto con los Chavistas. Los escuché platicar de llevar a los niños al Valle Imperial y después regresar a trabajar. Las compañías pagaban salarios exagerados para animar a la gente a tomar el riesgo de romper la huelga. Mi papá no estaba de acuerdo en romper las líneas de huelga, pero nuestros ahorros se estaban terminando rápidamente. No podíamos continuar en la huelga. Mi papá recibió una buena oferta de un amigo para trabajar cosechando lechuga. La vivienda y la comida eran gratis y el sueldo era más de tres veces el salario normal. Mucha gente abandonó las líneas de huelga y regresó al trabajo, persuadidos por las ofertas de los patrones. Los esquiroles eran perseguidos por los Chavistas. La pacífica causa se convirtió en violencia y los trabajadores del campo empezaron a pelearse entre ellos.

Dejamos a mi hermano y hermanas en el Valle Imperial. Mi papá, mi mamá y yo regresamos a King City a trabajar en la lechuga. No queríamos romper la huelga pero necesitábamos trabajar. Nos sentíamos mal en ir en contra de La Causa, pero estar en la línea de huelga era un sacrificio demasiado grande que mi papá no estaba dispuesto a hacer por más tiempo. Por otro lado, estaríamos trabajando por unos sueldos enormes ayudándonos a recuperar lo perdido durante las semanas que habíamos estado en la huelga. Nos quedaríamos por un mes, hasta que el trabajo comenzara en el Valle Imperial.

Los salarios eran muy buenos pero era peligroso cruzar la línea de huelga. En la mañana nos metíamos a escondidas al estacionamiento de las bodegas de la compañía. Nos subíamos a los camiones los cuales tenían las ventanas cubiertas con madera para protegernos de los proyectiles lanzados por los Chavistas al entrar al fil. Trabajábamos a diario desde la salida y hasta la puesta del sol. Regresábamos a nuestra vivienda solo para dormir y descansar para el siguiente día. Nos manteníamos discretos pues no queríamos enfrentarnos con los Chavistas.

Era mi primera oportunidad de ser contratado como lechuguero. Había tanta demanda de trabajadores que estaban contratando niños y viejitos los cuales ni siquiera sabían como cortar y empacar lechuga. La compañía tenía gente para enseñar a los novatos a cortar lechuga y se les pagaba por hora. A los empacadores se les pagaba un dólar por caja empacada.

"Este es el waino," dijo el mayordomo al presentarnos con un hombre borracho a mi y a otro joven llamado José.

"Órale batos, si trabajan duro, les pago veinticinco centavos la caja," nos dijo el Waino.

Estábamos de acuerdo. Ganaríamos nuestro salario por horas, además de compartir veinticinco centavos entre yo y José por cada caja que el Waino empacara. Él empacaba trescientas cajas diarias, doblando nuestras ganancias. El Waino sabía que si quería hacer dinero, necesitaba trabajadores rápidos. Para animarnos a cortar rápido, nos ofrecía parte de sus ganancias. El Waino nos enseñó como cortar más rápido y a empacar lechugas. A él le convenía, pero también nosotros nos beneficiábamos. Además de ganar más dinero, estábamos aprendiendo el oficio de los lechugueros; José y yo deseábamos ser lechugueros algún día. Yo trabajé por dos semanas. Mi papá me llevó al Valle Imperial cuando comenzó la escuela y él y mi mamá se regresaron a King City a trabajar unos días más.

EL CAMPEÓN

ERA UN ALIVIO REGRESAR A la escuela en Calexico después de tan turbulento verano en King City. También era emocionante pues era mi primer año en la secundaria. Mi mamá me inscribió en la escuela De Anza en el séptimo grado. Por primera vez tenía varios maestros y una clase de educación física. Mi primer día fue caótico; yo era tímido al cambiarme de ropa y eso dio razón para que unos bravucones se burlaran y me acosaran. Durante un juego de básquetbol, un alto alumno del octavo grado llamado McNish continuaba con la burla. Estaba enojado pues no podía evitar que yo anotara. Yo era demasiado rápido para él. Yo jugaba lo mejor posible para impresionar al entrenador, el señor Belcher, y los otros alumnos. Yo le quité la pelota a McNish y anoté. Él se molestó y enojado rebotó la pelota en el piso.

"¡Me cometiste falta!" me acusó.

Yo sonreí contento conmigo mismo de haber podido dar una lección en básquetbol al bravucón. McNish se dirigió hacia mí rebotando la pelota e intentó pasarme para anotar. De nuevo, le quité la pelota y volví a anotar. Echo una rabia, McNish tiró la pelota contra mí. La paré con la rodilla y la pelota rebotó pegándole a McNish en la cara. Él se enfureció y se dirigió hacia mí, insultándome. Yo sostuve mi posición silenciosamente. Él me empujó y me cacheteó en la cara. Antes que pudiera intervenir el entrenador, yo hice un puño y le contesté con un fuerte puñetazo tumbando a McNish al suelo. Él calló fuerte y se golpeó la cabeza en el suelo. El señor Belcher me detuvo mientras otro entrenador fue a revisar a McNish. El bravucón estaba mareado por el golpe y la sorpresa de mi reacción. Él estaba impuesto a molestar a los alumnos y no esperaba que un pequeño del séptimo grado lo tumbara de sentón. El señor Belcher me llevó a la oficina seguido del otro entrenador que escoltaba a McNish. Nos llevaron a la oficina del director, el señor Porter.

"¿Tu eres el nuevo alumno? Preguntó el señor Porter. "¿Que no acabas de inscribirte hoy mismo?" Él agregó.

Yo afirmé con la cabeza, cabizbaja viendo hacia el suelo.

"¿Esta es la forma en que te vas a portar a diario? Me preguntó el director.

"No," le contesté tímidamente. "Nada más me defendía. Él me pegó sin razón," yo agregué.

El señor Porter miró a McNish y enojado le preguntó, "¿qué pasó? ¿Te encontraste con tu par, señor McNish? ¿Este pequeño te tumbó? Estoy asombrado," le dijo.

Aparentemente McNish tenía una mala reputación con el director. Era reconocido por ser un bravucón y había estado en la oficina muchas veces por molestar a otros alumnos.

"Muy bien, les diré lo que voy a hacer," dijo el señor Porter. "A ti Lucio, te daré un tablazo por pelear. Y a ti, señor McNish, te daré tres tablazos por agredir a un alumno más chico."

El director fue por su tabla. Era grande, con una agarradera echa a la mano del director para que el pudiera empuñarla bien. La tabla tenía varias hileras de hoyitos. El señor Porter alardeaba que su tabla tenía aero dinámica. El director le ordenó a McNish que saliera de la oficina.

En cuanto salió, el señor Porter me pidió sacar todo de las bolsas traseras y que me agachara. Me agaché y puse mis manos en mis rodillas para apoyarme. Cerré los ojos y esperé que la tabla se estrellara en mi trasero. Sentí el tablazo y un ardor corrió por todo mi cuerpo. Casi lloré del dolor, pero me contuve.

"Espero no volverlo a ver en mi oficina nunca jamás, señor," me advirtió el señor Porter.

Salí de la oficina adolorido del tablazo. McNish entró después de mí a recibir su castigo. Yo regresé a mi clase. El señor Belcher me indicó que me uniera a un grupo que corría vueltas al campo. Los alcancé, corrí cuatro vueltas con ellos y después me dirigí a los vestidores. Educación física era la última clase del día y no había prisa por ducharme. Me esperé en mi armario a que los otros alumnos se fueran.

Se me acercó el señor Belcher y me preguntó, "¿porque no te has duchado?

"Estoy esperando que los otros terminen," le contesté.

"Te vi correr. Eres un buen corredor. ¿Te gustaría meterte en el equipo de campo traviesa?" Me preguntó el señor Belcher.

Platicamos por un rato, intercambiando información. Me habló de las carreras. Yo le hablé de mí. Desde el primer día que conocí al señor Belcher empezó a desarrollarse una amistad. Él era un buen entrenador y una gran persona y me inspiraba confianza. Entré al equipo de campo traviesa y me desempeñé muy bien. Después, durante el año, también me metí al equipo de lucha y de atletismo. Tuve muchas dificultades para ir a las competencias pues la mayoría se llevaban a cabo los sábados. Yo siempre trabajaba en el fil los sábados. Mi papá me llevaba y no permitía que fallara de trabajar para participar en los deportes. Durante la visita de los padres a la escuela, el señor Belcher habló con mi papá de darme permiso de ir a todas las competencias. Mi papá le recalcó que yo tenía que trabajar.

"Nosotros somos pobres," le dijo mi papá. "Todos tenemos que trabar."

Mi mamá intervino, apoyándome. Le pidió a mi papá que me dejara ir a algunas de las competencias, pero mi papá rechazó todas sus propuestas. Yo no quería que este incidente le creara problemas a mi mamá. Ella tenía suficientes pleitos con mi papá por sus borracheras. No le quería dar más razones para que él la maltratara. Dejé de ir a los entrenamientos y desistí en seguir participando en los deportes. Unos días más tarde, el señor Belcher me llamó a su oficina después de clases.

"¿Que pasó? ¿Por que estas faltando a los entrenamientos?" Me investigó. "¿Estas enfermo? Él me preguntó.

"No, dejé el equipo," le respondí cabizbajo. "No tiene caso entrenar si mi papá no me ve a dejar ir a las competencias.

"Hablaré con tu papá de nuevo," dijo el señor Belcher.

"No, él no me va a dejar ir. Necesitamos el dinero. Necesito ayudar a mi familia," traté de explicarle.

"¿Cuanto ganas los sábados? Preguntó el señor Belcher.

"Dieciséis dólares al día," le contesté.

"¿Que tal si te contrato y te pago ese dinero? ¿Te dejaría ir tu papá? Preguntó el señor Belcher.

"¿Usted haría eso por mi? Pregunté incrédulo. "Eso sería maravilloso," le dije.

El señor Belcher se rió de mi entusiasmo. A mi me gustaba representar mi escuela en las competencias. Me había desarrollado en un atleta muy diverso y competía a un buen nivel en todos los deportes de la escuela. Corrí a mi casa a decirle las buenas noticias a mi mamá. Ella estaba contenta viéndome sonreír. Ella sabía lo importante que eran los deportes para mí, y presintió mi desconsuelo cuando mi papá me negó la oportunidad de jugar. Mi mamá me dio su apoyo y dijo que hablaría con mi papá sobre la oferta del señor Belcher. Ella temía que yo me revelara ante una respuesta negativa de mi papá. Ya me le había enfrentado anteriormente cuando la atacaba. Me metía en medio de ellos cuando peleaban y lo amenazaba que no la tentara. Constantemente tenían pleitos porque mi papá se gastaba el dinero tomando con sus amigos. Después, él quería cubrir los gastos con las ganancias de mi mamá. Cuando regresaba de tomar, mi papá siempre era violento con nosotros. Mi hermano, hermanas y yo estábamos acostumbrados a las riñas. Siempre nos hacíamos al lado de mi mamá y lo arremetíamos cuando trataba de lastimarla. Al siguiente día se despertaba quejándose de la cruda y pidiéndole perdón a mi mamá. Ella siempre accedía a sus ruegos. Teníamos paz por unos días y después el ciclo se repetía una y otra ves.

Mi mamá fue a hablar con mi papá sobre la oferta del señor Belcher, mientras él tomaba cerveza viendo un juego de fútbol. Trató de explicarle que yo trabajaría los domingos para compensar el día de trabajo perdido en el fil.

"Así Lucio puede jugar el sábado," dijo mi mamá en un suave tono, implorando a los santos que mi papá accediera. "El profesor le va a pagar," ella le explicó.

Mi papá se le quedó mirando por unos segundos y luego se empezó a reír.

"Que bueno que le pague, así trae doble el dinero: dieciséis el sábado y dieciséis el domingo," dijo sarcástico.

Se carcajeó de su chiste por un buen rato.

¿Esta chistoso, verdad? Preguntó.

No escuché lo que mi mamá le dijo después de eso. Me salí de la casa desilusionado. Había deseado que con la oferta del señor Belcher hubiera podido jugar. Caminé por la cuadra para calmarme. Después regresé a la casa y me escurrí por la ventana para evitar enfrentar a mi papá. Estaba muy enojado. Me fui a dormir inmediatamente. Cuando me estaba acurrucando en mis cobijas, sentí la mano de mi mamá acariciándome el cabello.

"Dijo que estaba bien," ella me susurró.

Me volteé sin poder creer. Ella me sonrió y me abrazó asegurándome que yo jugaría a pesar de lo que mi papá dijera. No se que pasó, era la primera ves que la vi contradiciendo a mi papá y actuando sin su consentimiento. Le prometí a mi mamá que siempre haría mi mejor esfuerzo en la escuela y los deportes.

Mis más gratas experiencias en la escuela fueron durante el séptimo y octavo grado, o primero y segundo de secundaria, en la escuela De Anza. Hubo un periodo de adaptación provechoso durante el séptimo grado. Me desenvolví bien en la escuela y los deportes. Participé los deportes de carreras campo traviesa, lucha y atletismo. Académicamente, mi desempeño fue mediocre, pero culminé el año logrando la lista de honor en el último semestre. Mi mamá, y hasta mi papá estaban muy contentos de mi desempeño. Pero fue durante el octavo grado cuando logré mis mejores resultados en la escuela. Fue la única vez que yo asistí a una sola escuela el año completo. Mis papás no podían regresarse al Valle Imperial al inicio de la escuela pues el ciclo de trabajo en King City se terminaba hasta un mes más tarde. Ese año me graduaba a la preparatoria y quería hacer mi mejor esfuerzo. Persuadí a mis papás que me dejaran vivir solo en nuestra casa rentada en Calexico para yo poder entrar a la escuela desde el primer día. Yo solo tenía catorce años y mi mamá se preocupaba por mi seguridad.

"¿Quién te va a dar de comer? Me preguntó.

No te preocupes Madre," le aseguré con una sonrisa.

"Déjalo ya esta grande," dijo mi papá orgulloso que yo tomara el reto de cuidar por mi mismo. "No te podemos dar mucho dinero," él dijo, y me aconsejó que usara el dinero adecuadamente.

Yo les aseguré que estaría bien. Yo podía encargarme de mis necesidades básicas en la casa y por dinero, yo conocía algunos mayordomos que me contratarían para trabajar en los fines de semana. En dos días podría ganar más de lo suficiente para mis necesidades.

Tuvimos una alegre reunión cuando regresó mi familia un mes después. Mis papás estaban orgullosos de mí por haber podido subsistir solo por tanto tiempo.

"Me dio mucho pendiente, pero me da gusto que todo salió bien," dijo mi mamá tranquilizada.

Durante este tiempo, yo logré mis metas. Pude asistir al entrenamiento de verano de fútbol americano y así poder jugar en el equipo. Yo fui el mariscal principal y terminé la temporada como el jugador más valioso. Los juegos no interfirieron con mi responsabilidad de trabajar los fines de semana pues estos se llevaban a cabo por las tardes en días de escuela. El señor Belcher era nuestro entrenador. Nos habíamos hecho buenos amigos y él continuaba dándome consejos y brindándome su apoyo. Yo siempre daba mi mejor esfuerzo en su clase de educación física y en el equipo. Durante las temporadas de carrera campo traviesa y de lucha greco-romana, hubo algunos torneos durante el fin de semana que me obligaron a fallar de trabajar los sábados. El señor Belcher continuó contratándome para hacer quehaceres en su casa y pagándome para reponer los sueldos perdidos. Usualmente hacía los quehaceres los domingos o por las tardes, después de la práctica. Yo era el séptimo miembro en el equipo de carrera campo traviesa; era un buen corredor de larga distancia. No era el mejor del equipo, pero contribuí para ganar el campeonato del condado.

El deporte donde sobresalí fue en la lucha. Yo era un novato y nada más había aprendido unas cuantas técnicas, pero mi habilidad estaba bien refinada. Yo era rápido, listo, y podía ejecutar las pocas técnicas ofensivas y defensivas en cualquier contrincante. Tenía una defensa impenetrable que desarmaba la mayoría de los ataques. Mi repertorio ofensivo era pequeño pero algunos de mis ataques eran imparables. Yo era el campeón invicto del Valle Imperial en la categoría de ciento veinte libras y había calificado para competir en "el Torneo de Lucha de Campeonato Estatal Olímpico Estudiantil" que se llevaban a cabo en San Diego, California. Estaba feliz sobre el viaje; yo nunca antes había ido a San Diego. Había escuchado muchas conversaciones sobre la gran ciudad: sus parques, tiendas y la playa.

"¿Que onda, Dago?" Saludé a mi amigo al acercarse a los vestidores.

Dago y yo éramos amigos de mucho tiempo y habíamos participado en todos los equipos de deportes de la escuela. Los dos éramos atletas versátiles y dedicados y nos desempeñábamos bien en todos los deportes. Nos gustaba la emoción de la competencia.

"¿Vas a ir a San Diego? Le pregunté.

"¡Simón!" Me contestó emocionado del viaje. "Va a estar chilo, bato," dijo Dago. "Escuché que era el torneo de lucha más grande del estado. Van a ver cientos de luchadores compitiendo en diferentes categorías."

"¿Que onda?" Preguntó Juan al unirse a la conversación. "¿Escuchaste las noticias Lucio?" Me preguntó Juan carcajeándose ruidosamente.

"¿Cuales nuevas menso?" Le pregunté, siguiéndole la broma.

"La buena noticia es que voy a ir a San Diego," él alardeó. "La mala noticia para tí, es que voy a pelear en tu categoría y te voy a revolcar," me dijo amenazante.

Después soltó una larga y burlesca carcajada.

"Yo te puedo humillar con una mano atada a la espalda, pendejo," le respondí con una expresión de aburrimiento, ignorando sus amenazas y demostrando confianza en mí mismo.

Juan y yo habíamos sido rivales en deportes todo el año. Los dos teníamos el honor de vestir la camiseta azul, el reconocimiento más alto en el programa de educación física. Éramos los únicos alumnos en toda la escuela que habíamos cumplido los requisitos, en los seis eventos de carreras y ejercicios que otorgaban ese honor. Yo fui el primero en ganarme la camiseta azul, pero Juan la consiguió unas semanas después. En lucha, yo continuamente lo había derrotado pero siempre con un margen muy pequeño. Juan siempre había sido un gran contendiente y era una desventura que tuviéramos que eliminarnos entre nosotros en San Diego. Por otro lado, tendríamos dos oportunidades de traernos una medalla en una categoría tan popular.

"Habrá muchos luchadores excelentes de quien preocuparse," nos decía el señor Belcher para tranquilizar nuestra discusión. "Enfóquense en derrotar al campeón; él a reinado por dos años."

Yo le voy a ganar al gringuito," le susurré a Juan, extendiendo la discusión.

"No, ese güerito es mío," él me contestó.

"Tendrás que pasar sobre mí primero," lo reté.

"Lo haré, lo haré, menso," Juan me aseguró.

Cinco luchadores y nuestro entrenador, el señor Belcher, hicimos el viaje. El entrenador solo podía llevar a los cinco mejores luchadores. El grupo se completaba con Alfonso y Miguel quienes eran luchadores de pesos más chicos. Todos teníamos algo en común: los deportes nos daban la oportunidad de visitar lugares que de otro modo nunca tendríamos la oportunidad. El señor Belcher nos dijo que nos llevaría a visitar el zoológico y tendríamos un día de campo en el parque Balboa después del torneo. Nos bromeaba diciéndonos que nos llevaría a conocer San Diego ganáramos o perdiéramos. Él quería que diéramos nuestro mejor esfuerzo pero que al mismo tiempo nos divirtiéramos.

La parte inicial del recorrido a San Diego era sobre un tramo de treinta millas de una región árida. Estábamos familiarizados con el terreno pues vivíamos rodeados del mismo desierto con muchos cactus y arena. Al principió, la carretera era plana y muy recta haciendo el viaje monótono. De repente, el viaje se tornó más interesante. Llegamos a una empinada montaña que se levantaba desde el nivel del mar a más de cuatro mil pies de altura. La subida era abrupta. La angosta carretera curvaba bruscamente al subir la montaña y descendía entre vados bruscos en los valles, dándonos la sensación de ir en un juego de parque de diversión. El valle en la cima de la montaña estaba cubierto de nieve. El señor Belcher dijo que estábamos afortunados que no cerraran la carretera en Pine Valley, una comunidad pequeña en la cima de la montaña. Yo nunca había visto nieve, pero no podíamos parar a tentarla. Teníamos que pesarnos para la competencia en San Diego y apenas teníamos el tiempo suficiente para llegar. Además, no veníamos preparados para el frío y salir de lo calientito en el carro nos arriesgábamos a enfermarnos. No era un día para enfermarnos. Desafortunadamente, el cambio repentino de altura, los movimientos violentos causado por los vados y las curvas causaron mareos en Alfonso. Repentinamente, él se vomitó en Miguel y el señor Belcher quienes estaban sentados enfrente. Dago, Juan y yo nos salvamos. Nos vimos forzados a detenernos en Pine Valley. Nos bajamos y rápidamente limpiamos el carro lo mejor posible mientras el entrenador atendía a Alfonso. Teníamos suerte de que Alfonso no había comido por la preocupación de hacer el peso límite de su división. Era poco el vomito pero con abundante hedor. El resto del viaje nos vimos obligados a bajar las ventanas para dispersar la pestilencia. El viento estaba frío y para cuando llegamos a San Diego yo tenía fiebre y un fuerte dolor de cabeza. Dago también se quejó de mareos y se vomitó antes de pasar a pesarnos. Miguel y Juan se mantuvieron sanos. Ellos se burlaban de nuestra frágil condición. Después de pesarnos nos aislamos en un rincón remoto del gimnasio a recostarnos y tratar de recuperarnos.

El torneo fue muy cansado. Los enfrentamientos en la eliminatoria estaban separados, pero al reducirse el grupo los enfrentamientos eran más frecuentes con cortos periodos de descanso. Yo tuve suerte que mis primeros contrincantes eran fáciles victimas y me apunté unas victorias rápidas. Tuve suficiente tiempo para descansar y reponerme de mi malestar. Para la tarde ya me sentía mejor y listo para enfrentarme a mis rivales más difíciles. Llegué a las semifinales y esperé a mi siguiente oponente. Era entre Juan y un gringuito de Los Ángeles. Obviamente eché porras a favor de Juan, pero también lamentaba tener que eliminarme con él si ganaba esta lucha. Juan tuvo un combate muy cerrado con su oponente, pero logró ganarle. Brincó de gusto pero también le preocupaba nuestro enfrentamiento. Después de una lucha tan agotadora, él sabía que sería difícil eliminarme.

"Te la rifaste güey," yo dije felicitando a Juan. "Ahora voy a tener que revolcarte," lo amenacé.

Juan me sonrió satisfecho. No podía hablar del cansancio. Se fue a un lugar aislado y se recostó a descansar. El gringito pasó a las finales con facilidad. Tuvo la oportunidad de ver a Juan y a mi enfrentarnos mientras el esperaba al vencedor. Como se esperaba el enfrentamiento entre Juan y yo fue muy duro. El primer asalto, luchamos parados, después lanzamos una moneda para decidir quien tomaba la posición abajo en el segundo asalto. La posición abajo significa ponerte en tus manos y rodillas mientras el otro luchador se posiciona detrás y trata de voltearte de espaldas para apuntarse puntos o ganar con espaldas planas. El luchador en la posición abajo trataría de escapar para ganar puntos y contraatacar. En el segundo asalto las posiciones serían invertidas. Durante el primer asalto intercambiamos técnicas ofensivas, los dos neutralizando los ataques. En el segundo asalto Juan ganó el volado y la posición de arriba y yo terminé abajo. Él hizo su mejor esfuerzo para voltearme de espaldas pero no tuvo éxito. Hacía el final del asalto, yo logré escapar del agarre de Juan anotándome un punto. Juan estaba furioso con él mismo. Él sabía que un punto podía definir el encuentro. En el último asalto Juan estaba abajo y trató desesperado de escapar pero todo fue en vano. Logré defender el pequeño margen y terminé ganando un punto a cero. Cuando salí de la área de combate, yo volteé hacía el campeón quien estaba viendo el combate. Se miraba relajado y confiado en que él ganaría otra vez. Yo era un desconocido sin previa experiencia en torneos de esta magnitud.

La final fue emocionante. En todas las divisiones sobraban nada más cuatro competidores. Los dos ganadores de las semifinales disputarían el primer y segundo lugar mientras los perdedores competirían por el premio de consolación del tercer y cuarto lugar. Finalmente, el momento de la verdad había llegado. Yo estaba inexplicablemente calmado cuando dio inicio el combate. El gringuito atacó mis piernas pero yo defendí muy bien parando su ataque con mis brazos. Yo agarré su brazo con una mano y la parte trasera de su cuello preparándolo para mi derribada favorita. Lo empujé hacia atrás y al resistirse, de repente, deslicé mi cadera bajo su cuerpo, jalé de su cuello y brazo fuertemente girándolo sobre mi espalda y derribándolo en la lona de espaldas. Lo sorprendí con la velocidad de mi técnica y el derribe me dio dos puntos. Al forcejear para voltearse de frente al suelo, logré ganar dos puntos más al exponer de nuevo su espalda a la lona. En el segundo episodio él ganó el volado y escogió la posición de arriba mientras a mí me tocaba abajo. Al silbatazo del réferi anunciando el comienzo del asalto, repentinamente me paré y escapé de su agarre y me deslicé detrás de su espalda en una bien ejecutada reversa, anotándome otros dos puntos. El campeón estaba furioso y desesperadamente trató de escapar pero sin lograrlo. Yo lo contuve abajo hasta el final del asalto. El ultimo asalto, yo estaba en la posición de arriba, sobre el campeón. En uno de sus intentos de escapar, yo logré exponer su espalda a la lona de nuevo apuntándome otros dos puntos para un total de ocho. Cuando el silbato anunció el final del combate, brinqué de gusto. Inmediatamente logré mi compostura y respetuosamente saludé al referí y a mi oponente. Después de salir del área de combate corrí hacia mi entrenador y mis compañeros para celebrar. Era el día más feliz de mi vida. Yo era el campeón.

Lucio posando con su trofeo de campeón de lucha en la escuela De Anza.

"Ándale ve con nosotros. No te haces nada si fallas a la escuela," mi mamá me imploraba.

Mi familia se iba a Guadalajara por un mes, de vacaciones. Era medio año escolar y no quería fallar la escuela. Ya me había hecho a la idea de graduarme con honores. Yo iba muy bien hasta ahora. Había logrado la lista de honor en el primer semestre y había traído a casa una medalla de oro del torneo olímpico juvenil. Irme por un mes me atrasaría hasta el punto de no reponerme. Ya había vivido solo anteriormente y sobreviví. Yo estaba determinado a quedarme de nuevo. Me gustaba sentirme independiente. Me daba la satisfacción de mantenerme yo solo y hacerme responsable de mis acciones. La mayor parte del día estaba ocupado con mis actividades escolares y deportivas. En los fines de semana podría trabajar cosechando espárrago para ganarme dinero para mis gastos.

Por las tardes me juntaba con mis amigos el Dago y el Casy. Teníamos muchas cosas en común. Estábamos muy maduros para nuestra edad debido a nuestras circunstancias. Nuestros padres eran excesivamente tolerantes y nos daban autonomía siempre y cuando contribuyéramos para mantener a la familia. La educación no era una prioridad y no se esperaba que fuéramos profesionales. Talvez, terminar la preparatoria eran las expectativas más altas. Era anticipado que terminaríamos trabajando en el campo como todos nuestros familiares. Los malos hábitos como tomar y fumar eran comunes en nuestro ambiente y no éramos reprendidos cuando nos involucrábamos en ellos. Fumar era cuestión de gusto. Tomar era tolerado en los hombres de la familia en el trabajo o en celebraciones. Yo había comenzado a fumar a los once años y ya había tenido varias experiencias tomando vino desde los doce. Era tradicional tomarse una cerveza o dos después del duro día de trabajo. Entre los trabajadores del campo se esperaba que los futuros prospectos siguieran las mismas costumbres. Si no fumaba o no tomaba uno, era criticado y acusado de no ser un verdadero hombre.

"El hombre tiene que ser cabrón," era una frase común en muchos hombres adultos.

Muchos jóvenes seguían las costumbres en su intento de ganarse la aceptación de los veteranos.

El Dago, el Casy y yo no nos juntábamos con nuestros compañeros de la escuela. Estábamos acostumbrados a convivir con gente mayor y nos involucrábamos en actividades que nuestros compañeros ni siquiera se atreverían a hacer. Desarrollamos intriga y una mala reputación pues muchos alumnos se imaginaban que llevábamos una vida llena de vino, fiestas y mujeres. Estaba muy distante de ser realidad, pero nosotros alimentábamos su creencia y disfrutábamos el prestigio que nos otorgaban. Sí fumábamos, tomábamos y teníamos fiestas ocasionalmente, especialmente cuando yo vivía solo, pero las exagerábamos para llamar la atención. Mi casa fue bautizada "el nido de las águilas" donde se aseguraba que teníamos alocadas fiestas todas las noches. Lo más lejos que llagamos fue de tomarnos una caja de cerveza mientras jugábamos cartas y vacilábamos, solo para amanecer al siguiente día con una cruda espantosa, haciéndole promesas a Dios y a todos los Santos en el cielo de no volverlo a hacer. Tengo memorias inolvidables de mis días en el octavo grado. Fue el mejor año que tuve. Me gradué como uno de los mejores cinco estudiantes, con honores en lo académico y en deportes. Pude haber sido seleccionado como el estudiante del año, de no ser por mi mala reputación. A veces me ponía a pensar si esto hubiera hecho la diferencia en la dirección de mi destino. Me lamentaba a mi mismo, pero desechaba esos pensamientos inmediatamente. No creo que haya hecho ninguna diferencia. Mi destino ya estaba manifestado mucho antes y no había nada que yo pudiera hacer para cambiarlo.

EL DESERTOR

Un terrible dolor de cabeza me despertó muy temprano. Me agarré la cabeza mientras trataba de pensar como curármelo. Había tomado mucho para aliviar el dolor de mi pierna y ahora tenía una terrible cruda. Corrí al baño, manqueando y tambaleándome, cuando sentí las nauseas. Me hinqué en seguida del escusado a vomitar. Sentía que todos mis intestinos querían salir. Me dolía el cuerpo al hacer el esfuerzo de vomitar toda la porquería que tenía dentro de mi estomago. Me lavé y me dirigí a la cocina a prepararme el remedio tradicional compuesto de dos Alka-Seltzer en un vaso de Seven Up. Después me regresé a recostar en mi colchón. Me burlé de la idea de pedirles perdón a Dios y todos los santos en el cielo. Tenía otras cosas de que preocuparme. Me estaba quedando sin dinero y el seguro de compensación aun no me mandaba ninguna ayuda. Tenía una cita con mi doctor pronto, lo cual cambiaría mi situación con el seguro. Pero por lo pronto, me estaba desesperado. Mis amigos me preguntaban si quería regresar a trabajar. Nada más le quedaban dos días a la temporada. El mayordomo estaba de acuerdo en ponerme en la nómina y sin hacer nada más que estar presente. Todos querían ayudarme, pero yo era muy orgulloso para aceptar esa condición. El predicamento no era si yo podía trabajar si no cuanto dolor podría resistir o cuanto daño le causaría a mi lastimadura en el proceso. La oferta era atractiva pues la cosecha de lechuga era productiva. La cuadrilla estaba cortando carro por trío todos los días. En los dos días que quedaban de la cosecha podría ganar el salario de dos semanas de otros empleos que pagaban por horas.

Todos en la cuadrilla me dieron un caluroso recibimiento. Habíamos trabajado juntos por muchos años y nos teníamos respeto. Sin embargo, a pesar del respeto que me tenían, sabía que no escaparía de sus bromas. El Poncho y el Johnny me solicitaron para trabajar en su trío y así poder ayudarme. Me hablaban poniendo cara de chiste. Yo no estaba dispuesto a dejarme humillar.

"Ustedes no me van ayudar a mi, pendejos. Los voy a empacar en una caja," les dije al comenzar a trabajar.

Bromeamos todo el día para olvidarnos de lo pesado del trabajo. Sabíamos desde el principio que trabajaríamos todo el día, hasta que se metiera el sol, así es que nos encomendamos para aguantar las largas horas. La lechuga tenía el tamaño adecuado para cortar y empacar a gran velocidad pero el clima no era favorable. Estuvo muy mojado y frió la mayor parte del día. Llovía despacito pero constante. No llovía lo suficientemente fuerte para parar de trabajar, pero nos mantuvo empapados todo el día.

"Esta lluvia es moja pendejos," protestaban los trabajadores.

El mayordomo compró una botella de vino para cada lechuguero.

"Para amortiguar el frió," nos dijo para animarnos.

Había mucho de donde escoger. Yo tomé una botella de whisky plana. Era fácil de cargar y un trago, rápido calentaba el cuerpo y calmaba el dolor.

El Poncho, Johnny y yo habíamos echo trío por muchos años en cuadrillas veloces. Siempre demostramos superioridad contra otros tríos. Nuestras habilidades para cosechar eran agudos y usualmente superiores que otros lechugueros. Esta cuadrilla era lenta, y a pesar de mi lastimadura, no tuvimos ningún problema en sobrellevar el ritmo. Yo aguanté el dolor el primer día bajo los efectos de medicamento para el dolor y el licor. Pero el segundo día, el dolor era tan intenso que me vi obligado a parar de trabajar. Era una decepción. Me lamentaba de la consecuencia del riesgo que tomé. Había ganado algo de dinero pero ahora el dolor era más intenso. Mis amigos sentían lastima, pero también se preocupaban por ellos mismos. Sabían que muchos acabarían igual que yo. Todos experimentábamos, a través de los años, el desgaste de nuestros cuerpos causa de las duras jornadas. Teníamos muchas batallas contra el temporal y el mal terreno en nuestro expediente. Habíamos experimentado el dolor incapacitador causado por la tensión de trabajar agachado todo el día.

Me senté en mi colchón debatiendo mi decisión de regresar a trabajar. Era obvio que había empeorado mi lesión. Por otro lado, yo necesitaba dinero. Me preguntaba si había actuado correctamente.

"¿Que hubiera pasado si hubiera tenido dinero? Me preguntaba a mi mismo. "Si la compañía de seguros me hubiera mandado lo que me pertenecía en beneficios, yo me hubiera quedado en casa sin tener que arriesgarme. El pinchi seguro tiene la culpa," yo analizaba enfurecido.

Yo sentía que las acciones de la compañía de seguros me habían obligado a tener que trabajar. En mi desesperación, yo buscaba a quien culpar. Pero a la mejor yo era el responsable pues dieciocho años antes yo había tomado la decisión de ser lechuguero. Pero al mismo tiempo me justificaba pues era una decisión echa bajo circunstancias críticas que rodeaban mi vida.

Después de mi exitoso octavo año escolar, todo empezó a salir mal en mi vida. En el noveno grado, tercero de secundaría, nada salió bien. Yo me inscribí tarde en la preparatoria, la High School de Calexico, mucho después del comienzo de clases. Me asignaron a puras clases que sobraban y que no me gustaban. En estas clases no tenía amigos y la sensación de ser el alumno nuevo regresó. Fui aceptado en el equipo de fútbol americano, pero por llegar tarde fui asignado a una posición defensiva. Yo discutí con el entrenador que siempre había jugado en la ofensiva. Yo había sido el jugador más valioso, jugando como mariscal el año anterior. Pero de nada sirvió; el entrenador no cambió su decisión.

"Necesitamos un "tapador de línea" y creó que tu tendrás un buen desempeño en esa posición. Tómalo o déjalo," me dijo el entrenador sarcásticamente.

Me quedé en el equipo, pero no estaba contento. Para empeorar las cosas, sufrí una lastimadura en el primer juego de la temporada. Permanecí en la banca el resto de la temporada causa de una torcedura severa en el tobillo, cosa que demolió mi ego. Después, ingresé en el equipo de lucha. Los resultados fueron similares. El entrenador de lucha tenía varios luchadores de ciento veinte libras y decidió subirme dos categorías a un peso más alto. Reté su decisión, pero el insistió que yo era el mejor de todos y que mi sacrificio nos daría puntos esenciales para el equipo en el transcurso de la temporada.

"Este es un equipo y queremos sacrificio y esfuerzo de equipo para poder aspirar al campeonato," dijo el entrenador imponentemente.

Yo no me sentía contento. De nuevo tuve la desventura de lastimarme en el primer combate, terminando mi temporada bruscamente. Estaba desilusionado y empecé a odiar la escuela.

En casa, mi relación con mi papá se deterioraba. Los conflictos entre mis

Padres incrementaban. El vicio de tomar de mi papá empeoraba. Yo siempre interfería en defensa de mi mamá. Mi papá se volvió más agresivo contra nosotros y los pleitos a golpes y empujones eran comunes. Yo odiaba estos conflictos. A veces me enfurecía tanto que sentía ganas de golpear a mi papá. Pero siempre me contuve; no me animaba y mi mamá no lo permitiría. Yo le pedía a mi mamá que se separara de mi papá. Le decía que yo me saldría de la escuela, trabajaría tiempo completo y mantendría a la familia yo mismo. Pero ella no podía imaginarse sola en un hogar destruido con sus hijos sin papá. El divorcio era un tabú para las mujeres en nuestra cultura. Muchas mujeres aguantaban el abuso domestico para evitar el rechazo y acoso de la gente a su alrededor. Estas mujeres solían ser el chisme principal donde se incluían historias crueles con temas sexuales.

"Pinchi vieja no aguanta nada. A de andar de piruja," decían las abnegadas mujeres entre ellas para manchar la reputación de las mamás solteras.

Mi mamá ya se había echo a la idea de mantener su familia unida a pesar del sacrificio. Yo estaba cansado de la situación y varias veces amenacé con irme de la casa. Pero mi mamá siempre me convencía de quedarme y calmarme. Lo hice por un tiempo, hasta que un día el conflicto se hizo más violento. En la refriega, mi papá me golpeó causándome raspones y una nariz sangrienta. Corrí de la casa para calmar la situación. Yo estaba confundido. No quería regresarle los golpes o lastimar a mi papá. Pero las circunstancias me estaban obligando a defenderme. Después de este incidente yo no me sentía seguro viviendo bajo el mismo techo con él. Me salí para vivir con mi tía Raquel en Mexicali. Yo había juntado dinero suficiente para sobrevivir unos días. Más tarde con la ayuda de mi mamá me fui a Guadalajara con unos parientes mientras las cosas se calmaban. Necesitaba tiempo para pensar que camino tomaría mi vida.

"Él prometió que va a cambiar," me decía mi mamá para persuadirme de regresar a casa.

Mi papá siempre prometía cambiar después de un conflicto grande. Él guardaba su promesa por unos días dándole paz y tranquilidad a mi mamá. No se emborrachaba y le dedicaba tiempo a la familia. Salíamos juntos a explorar los alrededores. Juntos disfrutábamos de días de campo en los parques y bosques. Puse resistencia por unos días, jugando el chantaje emocional comúnmente usado por muchos jóvenes confundidos.

"¿Que vas a hacer? Estas muy chico. Regrésate a la casa," mi mamá me imploraba. "Todo va a estar bien," me prometía.

Yo regresé después de un mes de mi partida. Yo sabía que no estaba listo para sobrevivir fuera de mi casa por mucho tiempo. Me faltaban los básicos. Aun no tenía un carro el cual era vital para trabajar y poder mantenerme. Todavía no refinaba bien mis habilidades de cosechar lechuga, un trabajo donde ganaría lo suficiente para vivir decentemente. Yo regresaba a casa, pero me quedaba la intención de hacerme independiente muy pronto. Les puse algunas condiciones para quedarme. Yo quería que la familia tuviera un lugar estable donde vivir y parar de deambular por todo California detrás de las cosechas. Yo me ofrecí para trabajar y ayudar a juntar el dinero suficiente para dar un buen entre en una casa propia. También pedí que se me permitiera comprarme mi propio carro. Mi mamá quería que yo regresara a la escuela, pero yo no tenía las aspiraciones de hacerlo. Ya me había forjado una firme determinación de trabajar. Oficialmente me convertí en un desertor de la escuela a los quince años de edad.

Lucio trabajando en la lechuga, espárrago y chile campana poco después de haber abandonado la escuela.

Las cosas salieron bien al principio. Trabajé duro para juntar para comprarme un carro. Trabajé cortando espárrago en el Valle Imperial por un par de meses. Después nos cambiamos a King City al comienzo de la cosecha de lechuga. Nos quedamos en el campo de la Maggio como era ya costumbre, pero esta ves estábamos aplicando para una casa en el nuevo campo de gobierno que se encontraba al cruzar la calle y se abriría en unas semanas. Bajo mucha presión, mi papá me consiguió la oportunidad de trabajar en la lechuga. Él tendría que trabajar extra hasta que yo pudiera mantener el ritmo del resto de la cuadrilla. Tenía algo de experiencia pero aun no era suficiente. Mi papá también era criticado por meterme tan chico a un trabajo tan pesado. Los veteranos pensaban que yo pararía de trabajar después de unas cuanta horas.

"Este trabajo es para hombres. Le va a tronar a este morro," decían los lechugueros.

Sería vergonzoso para mi papá si yo abandonara el trabajo. Él estaba arriesgando voraz crítica por su decisión de llevarme a trabajar ahí. Yo estaría bajo observación por un mayordomo presionado por el resto de la cuadrilla, que se asegurara que yo desempeñara mi trabajo. Yo estaba determinado de probar que estaban equivocados. Al principio, fue muy difícil para mí mantener el ritmo con mis limitadas habilidades. Pero al pasar de los días, mi desempeño mejoró por mi resistencia y determinación de aprender el oficio. En pocos días me gané el respeto de los veteranos. Sus críticas se convirtieron en elogios. Me acogieron y me enseñaron los trucos del oficio. Pronto fui aceptado como uno de ellos.

Mi papá estaba muy orgulloso he hicimos trío por unas semanas. Pero poco después nuestra relación se empezó a deteriorar cuando regresó a su hábito de tomar. Él figuraba que mi aportación como lechuguero podría cubrir los gastos de la casa y él podía gastar más de su sueldo en emborracharse. Era desesperante verlo tomar todo el día en el trabajo y terminar en una cantina al final del día. Tomaba tanto que se quedaba dormido sentado en cualquier mesa. En ratos se despertaba y balbucía frases incomprensibles. Se tomaba otra cerveza y se volvía a dormir. Al siguiente día alardeaba de haber cerrado la barra al mismo tiempo que se quejaba de la terrible cruda. Luego volvía a tomar con la excusa de curarse los malestares con una cerveza repitiendo a diario la misma rutina. De pronto mi papá empezó a fallar de trabajar, algo que nunca había echo anteriormente. Quise hablar sensatamente con él de no tomar tanto, pero nuestras conversaciones siempre terminaban en fuertes disputas.

"Tu no me vas a decir lo que yo haga, pendejo. Yo soy hombre y hago lo que me da la gana, idiota," mi papá estallaba enfurecido, rehusándose a considerar cualquier cosa que yo dijera.

Yo no podía soportar verlo deteriorarse ciegamente, negándose a aceptar su alcoholismo. Yo necesita retirarme de él.

MI CARRITO

"¿Mira mamá, te gusta? Le pregunté apuntando a un Volkswagen año sesenta y cuatro, estacionado en la calle con el letrero de "en venta".

"Es del campero. Dice que esta muy bueno y me lo da barato," agregué emocionado, intentando convencerla de comprármelo.

Mi mamá me miró y sonrió. Ella sabía que el carro significaba mucho para mí, pero puso una leve resistencia.

"Esta muy chiquito," me contestó juguetona.

"Esta bien para mi. Yo estoy chiquito. Esta de mi tamaño," le imploré.

"Si, tienes razón, esta de tu tamaño," consintió riéndose.

Al principio tuve problemas para manejar mi carrito. Tenía una trasmisión estándar y yo nada más sabía manejar carros automáticos. Después de un par de días de pasear por la Broadway, me convertí en un experto. La mayoría de los jóvenes tenían carros con motores grandes, pero mi carrito tenía un motor pequeño. No podía competir con los otros carros en arrancones cuando me retaban. Pero, a veinticinco centavos el galón de gasolina, yo podía pasearme todo el día por unos cuantos centavos.

Hermanos posando sentados en el carrito, de izquierda a derecha, Rafael, Sara y Lucio Padilla.

Yo no tenía licencia de manejar, pero eso era común entre los jóvenes trabajadores del campo. La única manera para los menores de edad de conseguir la licencia de manejar, era por medio de un programa en la escuela. Para los que no estábamos en la escuela, teníamos que esperar hasta los dieciocho años. Eso no me detuvo de manejar por todo el valle. Ya no estaba limitado a las actividades locales y siempre andaba en busca de cosas por hacer o lugares que visitar. Me gustaba ir a Pismo Beach y pasearme en los caminos arenosos de las playas. También me gustaban los días de campo en Arroyo Seco o ir a los bailes en Watsonville. Sí la noche me sorprendía lejos de mi casa, mi carrito se convertía en mi alcoba. Era pequeño pero muy cómodo. Siempre tenía cobijas y ropa extra anticipando quedarme donde anduviera.

Con los medios para moverme, mi círculo social incrementó. También cambió: me empecé a distanciar de mis amigos de la escuela. De pronto se me hicieron inmaduros. Sus conversaciones de fiestas o muchachas eran infantiles comparado con mis experiencias. Ellos estaban limitados por sus responsabilidades en su casa mientras yo andaba por el mundo luchando por mí sobre vivencia. La mayoría de mis nuevas amistades eran mayores de edad. Mis nuevos compañeros compartían características similares; eran desertores de la escuela, sin un plan, en busca de su identidad. Nos habíamos convertido en lechugueros sin ninguna otra aspiración. No le poníamos atención a ninguna otra posibilidad de mejorar en la vida. Vivíamos al día y nunca veíamos el futuro. Éramos adolescentes desarrollándonos en un ambiente lleno de negatividad y sin una guía apropiada. En el intento de ser aceptados, desarrollamos una personalidad compatible con nuestro círculo social. Éramos forjados por el diario ejemplo de los mitos culturales, hábitos, comportamientos, actitudes, sentimientos y pasiones generadas en familias disfuncionales. Tratábamos de huir de los horrores de la violencia domestica y abusos dentro de nuestras familias, metiéndonos en una batalla para subsistir en el ambiente opresivo en el que viven y mueren muchos de los trabajadores del campo.

Después de adquirir mi carrito, inmediatamente comencé a buscar trabajo en Salinas. Ahora que tenía transportación, yo quería calarme en otras compañías lechugueras. Quería poner a prueba mis habilidades contra otros lechugueros. Al principio, tuve dificultad para encontrar trabajo. Nadie me conocía y pensaban que estaba muy chico para ser lechuguero. Me vi forzado a mentir acerca de mi edad. Les decía que tenía dieciocho años. Me deje crecer el pelo y la barba para verme más viejo. Pronto, se me dio la oportunidad en la compañía Royal la cual tenía su base en Salinas. Sería un viaje de cien millas diarias de ida y vuelta. Me tendría que levantar muy temprano y regresar a casa más tarde de lo acostumbrado. Pero eso no me preocupaba pues así me evitaba involucrarme en los conflictos de mi casa. Me gustaba manejar a los files solo, más que viajar con otras personas. Siempre tomaba suficiente tiempo pues mi carro era muy lento. Tenía que aguantar la pena de ser rebasado por todos los carros en la carretera. Irónicamente mi carrito tenía una velocidad máxima de sesenta millas por hora en terreno plano. La única vez que corría más recio era de bajada. Desafortunadamente se le bajaba la velocidad hasta veinticinco millas por hora en las subidas muy empinadas. Tenía fortuna de que el valle de Salinas era muy plano. Mis amigos se burlaban de mí en todas las oportunidades que se les presentaba.

"Hasta los viejitos te pasan, güey," se burlaban.

A pesar de la humillación, yo sentía que mi carro tenía buenas cualidades. Era cómodo, eficiente, duradero y económico. Consumía menos de dos dólares de gasolina en el viaje diario a Salinas.

"Con cinco dólares tengo para cigarros, cerveza y gasolina, pendejos. ¿Qué más puede pedir un lechuguero?" Les contestaba.

Mi nueva cuadrilla estaba compuesta casi de puros Yucatecos. Ellos eran nativos de diferentes áreas de la península de Yucatán. Eran cabezones y hablaban en un extraño dialecto. Se les conocía por su modo burlesco. Los Yucatecos bromeaban todo el día. Se burlaban entre ellos, principalmente por tener cabeza grande y la dificultad que había tenido su mamá al parirlos. Eran usualmente crueles con los trabajadores nuevos. Yo no fui la excepción. Se burlaron de mi estatura, mi pelo largo, mi barba y mi carrito.

"Se parece al dueño chiquito y lento," me bromeaban.

Cuando hacía errores me acusaban de estar adormilado. Al principio me enojaba, pero con el tiempo me acostumbré. Aprendí que las bromas eran parte de ser lechuguero al igual que el vino, las drogas, las majaderías y el machismo. Los lechugueros novatos tenían que aprender asimilar las burlas y mantener la calma para ser aceptado dentro de la cuadrilla.

"Si te enojas pierdes," era el lema popular.

Los que se ofendían eran sujetos a burlas en grupo. Ellos se convertían en la victima cotidiana y su día era siempre miserable. Los trabajadores que se ofendían dejaban el trabajo y buscaban en otro lado. Yo no quería dejar mi trabajo. Yo necesitaba probarme a mí mismo y huir atemorizado no me iba a ayudar.

Me adapté rápidamente. Trabajé en un trío con el Gijo, quien resultó ser un buen maestro en las bromas. Él era un hombre muy chiquito, casi un enano. Sus manos aran tan pequeñas que solo podía empacar las lechugas de dos en dos, envés de tres que era lo normal. Él era el mayor objetivo en la cuadrilla de las bromas de todos los días, pero el Gijo tenía bromas para todos los demás. En realidad, así chiquito como estaba, él era el peor guasón de todos.

"Mándalos por un tubo. Son puros mamones," me aconsejó cuando empezó la burla contra mi. "Ignóralos y después te dejaran en paz. Nada más sonríe y se van a ir cuando vean que no te molestas," me aseguró.

Seguí sus consejos y pronto dejaron de bromearme. Yo hasta aprendí algunas frases burlonas para defenderme.

Gijo era un buen trabajador. Él se sabía todos los trucos en existencia para ser un buen lechuguero. Su tamaño era una gran desventaja. Su velocidad para trabajar era limitada. Pero Gijo tenía muchos recursos que lo ayudaban a mantener el ritmo. También era muy confiable, una habilidad que le daba respeto. Pero lo más importante de todo, él era una persona muy honesta y un buen amigo. El Gijo me tomó bajo su tutela y me ayudó a desarrollar mis habilidades de lechuguero. Aprendí a ser ingenioso y usar mi energía inteligentemente para mejorar mi resistencia y enfrentar las duras condiciones de trabajo. Gijo también me aconsejaba de los vicios y peligros del ambiente. Me platicaba historias de buenas personas que se volvieron malas al caer en vicios y adicción de las drogas, alcohol, o los juegos de apuestas. Muchos usaban la excusa del cansancio, aburrimiento o las penas como pretexto para experimentar. Con el tiempo se hacían adictos y después no podían trabajar sin las drogas o el vino.

"Lo que necesitan son guevos," Gijo vociferaba, apuntándose a los testículos. "Yo no necesito ninguna química en mi cuerpo para ser lechuguero. Una cosa es probar y otra es que te dejes controlar," agregaba apuntándome a mi. "Trucha morro, póngase trucha," él insistía en un tono suave y serio. "Una cervecita, un toquecito... pssss, no hace daño una vez al año. Una no es ninguna, pero más de dos ya son sinvergüenzazas," dijo en una risita.

MARÍA ELENA

"LEVÁNTATE HIJO, SE TE VA hacer tarde," mi mamá me despertó temprano una mañana para irme al trabajo.

Mientras me arreglaba, me exaltó un fuerte portazo que venía de la casa vecina. Era la casa de María Elena. Fui a la ventana con vista a su casa y escuché la fuerte disputa. Por entre las cortinas tenía una vista borrosa de la sala, pero la discusión acontecía a un lado y no podía ver a los contrincantes. Las voces sonaban conocidas; eran María Elena y su hermano Roberto.

"Abre la puerta María Elena, sal de inmediato. Hazle caso a mi padre," Roberto le exigió.

"Ya te dije que no," María Elena le gritó.

"Se nos hace tarde para el trabajo. Mi padre esta furioso. Te va a ir peor si no sales," Roberto insistió en voz amenazadora.

"Ya lárgate y déjame en paz. A mi no me importa nada," ella respondió agresivamente. "¡No voy a trabajar y me vale madre!" María Elena le gritó.

"Ya vámonos, hay que se quede," gritó enojado su papá, Don Polo.

Escuché dos fuertes portazos del carro, el chillido de las llantas al salir a toda velocidad y después silencio.

Yo quedé impresionado. María Elena se enfrentó a la autoridad masculina en su casa. Ella se rehusó a ser sometida a la indiferencia y abuso contra las mujeres incrustado en las tradiciones de muchas familias. El papá era un tirano quien forzaba a los hijos a fallar la escuela para trabajar. Los hacía tomar turnos de una semana, en un ciclo continuo durante todo el año. Yo ya había escuchado las conversaciones de mi hermana y sabía de lo descontenta que estaba María Elena. Pero el hecho que se haya enfrentado a su papá, eso era verdaderamente impresionante.

"Parece una potranquita," pensé, con una sonrisa. "Así como a mi me gustan, chiquita pero picosa," Murmuré con una inesperada sensación.

Yo reflexioné sobe el incidente todo el día. Me sentía orgulloso de María Elena por su valor, pero me preocupaba de lo que le pasaría por su desafío.

"Es seguro que sería castigada," pensé, alarmado por las posibles consecuencias.

El desafío era tratado con golpes en muchas familias. Era la forma más común de intimidar y controlar a los miembros insubordinados, especialmente las mujeres. Salí temprano del trabajo ese día y contrario a la costumbre de quedarme, me apuré a llegar a casa. Un nuevo instinto me urgía a evitar retrasos y regresarme rápidamente. Inventé algunas excusas con mis amigos para retirarme sin levantar sospechas. Cuando llegué a casa, me dio gusto ver a Silvia y a María Elena platicando en la sala. Ellas acababan de llegar de la escuela y comían un bocadillo.

"¡Hola! ¿Que onda? Saludé tímidamente.

Mi hermana me miró asombrada.

"¿Qué milagro que nos saludas?" Me preguntó sarcásticamente, enfatizando la palabra "nos".

María Elena regresó el saludo con una sonrisa.

"¿Como estas Lucio?" Ella me preguntó amigablemente.

Me sentía culpable. No sabía que decir y sorpresivamente empecé a balbucear una explicación por el cambio repentino de mi actitud hacia ella. La proximidad de María Elena me puso nervioso. Ella estaba encantadora y yo me sentía falso e indigno. Opté por disculparme para ir y bañarme y cambiarme de ropa. Mi hermana me miró con una sonrisa siniestra. La mirada de María Elena era suave, aceptando mi pretexto para retirarme. Me bañé rápidamente y me cambié de ropa. Me fui a mi cuarto y me recosté a descansar. Intencionalmente dejé la puerta entreabierta y me acomodé de modo para admirar a María Elena. Pretendía que estaba leyendo y ocasionalmente miraba sobre mi libro tratando de atraer su atención. Ella a de haber sentido mi fija mirada pues volteó hacía mi y sus ojos se encontraron con los míos. Lleno de emoción, junté mis labios para mandarle un beso. Su sonrisa se engrandeció y se volteó turbada para otro lado.

Yo era el lechuguero más feliz al siguiente día. Con una sonrisa, canté canciones de amor todo el día. Sumido en mis pensamientos, ignoré la burla y las conversaciones de mis amigos. No podía explicarme lo que me sucedía. Un día la odiaba con fervor y ahora no podía quitarla de mi mente. Su reacción a mi repentino acercamiento me tenía confundido. Presentía que yo le gustaba, pero ¿que si ella me estaba engañando? A veces me preocupaba; ella podría estar conspirando con mi hermana para vengarse de mi arrogancia. Yo le había echo desprecios a María Elena por mucho tiempo. ¿Que me hacía pensar que ella se interesaría por mi? No me sentía seguro de pedirle que saliera conmigo.

"¿Que si me rechaza? Me sentiría miserable," yo musitaba.

Me la llevaba cortando las flores que se cruzaban en mi camino para cortarle los pétalos y adivinar si ella me quería o no. Usualmente, jalaba el ultimo pétalo terminando en "si me quiere" y celebraba el resultado con una canción de amor.

"¡Mari es mi amor! ¡Solo con ella quiero la felicidad!" Entonaba fuertemente.

133

"Este güey está enamorado. De cincho anda con una jaina," dijo el Gijo ofendido.

"¿Nos estas mandando por un tubo, por una vieja, pendejo? Mis amigos me preguntaban enojados cuando les daba una excusa para irme temprano a casa.

La reacción inesperada de María Elena hacia la agresión de su hermano y papá también causo una impresión en su familia. Su papá la castigó prohibiéndole salir, pero se abstuvo de golpearla. Le permitieron terminar el grado ocho en la escuela y que fuera a la graduación. Pero siempre estaba bajo severa vigilancia. La única forma de hablar con ella era cuando los papás estaban trabajando o cuando ella venía en camino de la escuela. Yo a diario me proponía llegar lo más temprano posible del trabajo para buscar la oportunidad de platicar con ella. Siempre estaba a la expectativa y en ocasiones veía su silueta por la ventana. Yo la espiaba silenciosamente tratando de figurar que estaba haciendo. Un día, mi corazón se aceleró de alegría cuando la vi salir de su casa. Ella se dirigió a su camioneta a recoger unas bolsas y se regresó rápidamente. La perdí de vista. Esperé a verla de nuevo pero fue en vano. Desilusionado, me fui a mi cuarto a descansar en mi cama. Me la llevaba pensando que decirle. Yo estaba decidido de invitarla a salir conmigo, pero no quería exponer mis verdaderos sentimientos. No quería terminar desilusionado. Yo tenía tan mala reputación de ser coqueto que hasta fui seleccionado el más volado de la escuela. Nunca había querido tener una relación seria con ninguna muchacha. María Elena lo sabía y eso me preocupaba. Cautelosamente me decidí a tomar el riesgo. De repente, escuché un ruido que venía de la sala. Era mi hermana y María Elena que estaban platicando. No podía creer que de repente estuviera en mi casa. La espié por la puerta entre abierta y escuché la plática. Su papá se había ido a un mandado y ella se había escapado por unos minutos. Esto me daba la oportunidad de hablar con ella de una vez por todas y deshacer mis dudas. Miré cuando mi hermana se metió en la cocina y salí de mi escondite y haciéndome visible. Traté de hacerlo casualmente, pero la atención inmediata de María Elena me hizo sentir que yo era el que estaba bajo vigilancia.

"¡Hola! ¿Cómo estas?" Saludé.

Después de la plática inicial sobre la escuela y el trabajo, impulsivamente yo la invité a salir conmigo.

"Pudiéramos divertirnos juntos," le dije tratando de ocultar mis sentimientos reales.

Quería simular que era una propuesta casual y no una manifestación torrencial de amor.

"Estoy castigada. Mi papá no me deja ir a ningún lado," me respondió.

"Bueno. ¿Que tal después? Cuando ya te dejen salir," le insistí.

"¡Uuuuu! Ella dijo melodiosamente. "Eso no va a pasar por mucho tiempo," agregó María Elena.

"Bueno. ¿Podemos tan siquiera platicar?" Le pregunté.

María Elena aceptó con una sonrisa. Se disculpó y se retiró rápidamente por la puerta hacia su casa. Ella entró al mismo tiempo que su papá se estacionaba en la calle. Me fui a mi cuarto todavía perturbado por el intercambio. El resultado no era muy claro. Ella aceptó platicar conmigo pero no se comprometió a tener una relación.

"¡Que tonto fui! ¡Ni siquiera le pregunté! ¿María Elena, quieres ser mi novia?" Me reproché a mi mismo.

Susurré la frase suavemente, muchas veces, imaginándome que ella estaba frente a mí.

Ella estaba sentada en la cerca de madera que delineaba el lote frente a las cabinas fingiendo ver hacía la calle. María Elena sabía que yo la estaba espiando detrás de las cortinas. En cuanto la vi, salí y caminé hacía ella. Sonriendo me dio su atención. Intercambiamos saludos y empezamos una plática casual por unos minutos. Conforme agarré confianza, la conversación se hizo más intima. Agarrando valor, por fin le hice la pregunta.

"¿Quieres ser mi novia, María Elena?" Le pregunté románticamente.

Ella titubeó mientras consideraba mi proposición.

"¿Qué no tienes novia?" Ella preguntó.

"No," le contesté.

"Tal vez nada más quieres jugar conmigo," ella alegó.

Se me quedó mirando, sonriendo, mientras yo defendía mi propuesta. Nos miramos a los ojos silenciosamente por un largo rato. No se necesitaban palabras. La atracción era mutua, los sentimientos eran obvios basado en nuestra conducta, era amor. Nos agarramos de la mano y caminamos unos metros hacia la lavandería buscando privacidad. Dentro del edificio vacío nos abrasamos y juntamos nuestros labios en un apasionado beso.

"¿Esto quiere decir que si?" Le pregunté mientras acariciaba su pelo.

Ella sonrió y me besó con ternura.

"Si, Lucio, quiero ser tu novia," me dijo con una tierna sonrisa.

De pronto, el mágico momento fue interrumpido por un repentino portazo. La mamá de María Elena entró en la lavandería enfurecida, gritándole amenazas e insultos. La mamá trató de darle una cachetada, pero María Elena la esquivó y se retiró rápidamente, más que nada por vergüenza que por miedo a las consecuencias. La mamá volteó hacia mí y me advirtió que me alejara de ella o le diría a Don Polo. Me quedé en silencio por unos minutos sin saber que hacer, y luego caminé hacia mi casa perplejo por los repentinos acontecimientos. Un momento estaba en el cielo probando sus calidos labios y de pronto me encontraba solo y preocupado por el bienestar de mi amada María Elena.

Nuestra relación no tuvo un buen principio. Siempre la tenían encerrada y las estrictas restricciones limitaban nuestras oportunidades de estar juntos. No se le permitía salir sola a ningún lado. Su hermano la recogía en la escuela, la escoltaba al cine y la vigilaba cuando estaba afuera. Me enfurecía ver a otros muchachos cortejarla. Uno de sus hermanos le quería imponer a su amigo para distraerla de mí. Enojado, enfrenté a su hermano Roberto por fastidioso. Lo amenacé con patearle el trasero. Era desesperante vivir enseguida y no poder hablarle. Me empecé a distanciar de María Elena y frecuentar a mis amistades.

Abrí la puerta después de escuchar un suave toquido. Era María Elena preguntando por Silvia. La saludé y le pedí que pasara. Hablamos por unos minutos y nos sentamos afuera, en la cerca. A ella le preocupaba que la vieran entrar a mi casa.

"No me has buscado últimamente," me dijo amargamente. "Te he visto muy ocupado paseándote con esas gordas," me reprochó, refiriéndose a unas amigas mías. ¿No tienes miedo que te quiebren tu carrito?" Me preguntó sarcásticamente.

"Son solo amigas," protesté.

"¿Te gustaría que yo me saliera con mis amigos? Me preguntó.

María Elena tenía razón en estar molesta y quería terminar conmigo. Tristemente realicé que estaba apunto de perderla por mi egoísmo. Yo quería que María Elena se sacrificara por nuestra relación mientras yo continuaba con mi vida de placer y deslealtad. Le imploré por otra oportunidad. Le pedí formalizar nuestra relación con sus papás. Le ofrecí hablar con su papá y pedir permiso de cortejarla. Pero a ella le preocupaba que yo hablara con su papá. Él era capaz de usarlo como excusa para reprochar a su abnegada mamá. A pesar de las objeciones de María Elena, yo fui a su casa a hablar con Don Polo. Después de una avalancha de insultos contra María Elena y de criticarme severamente, renuentemente aceptó. Don Polo se preguntaba por que su hija se había fijado en un "hippy" mexicano que actuaba como pachuco. Me acusaba de ser sucio por tener barba y pelo largo. Yo sabía que vendrían los insultos y las criticas, pero permanecí calmado para evitar un enfrentamiento. Renuente, Don Polo dio permiso a mis visitas; él aceptó que yo y María Elena platicáramos en frente de la casa. Pero nos prohibió que nos viéramos en otros lados. Sus condiciones no eran razonables, pero aceptamos. No teníamos otra alternativa, era mejor que nada. Por lo menos ahora podríamos pasar nuestras tardes juntos y con la esperanza de más libertades en el futuro. A pesar de las limitaciones, disfrutábamos el estar juntos. Pasamos muchos momentos bonitos agarrados de la mano, bajo la luna y las estrellas, compartiendo frases de amor entre incontables suspiros. Las horas pasaban volando cuando estábamos juntos.

La limitada relación con María Elena empezó a impacientarme. Yo deseaba tenerla a mi lado todo el tiempo para besarla y tenerla en mis brazos. Quería salir con ella a bailar, ir al cine o caminar en la playa como una pareja normal. Odiaba el trato que le daban en su casa. No éramos completamente felices. Al tornarse nuestra situación desesperada, le pedí a María Elena que se fugara conmigo. Ella no aceptó.

"Mi papá reprocharía a mi mamá por el resto de sus días," ella dijo frenética. "Yo no quiero verla sufrir en el infierno que mi papá le daría por mis acciones," agregó buscando mi comprensión.

Yo lo sabía, pero teníamos que encontrar una solución a la insoportable situación que estábamos viviendo. Las restricciones a nuestra relación eran injustas. Yo era lo suficiente ingenioso para mantener mi propio hogar y estaba dispuesto a comprometerme a formar nuestra propia familia.

"¿Te casas conmigo?" Le propuse apasionadamente. "Te amaré y cuidaré de ti el resto de mis días," le prometí.

"Si," me dijo ella tomando mi mano.

Me abrazó, buscando refugio en mis brazos. Besé sus labios con ternura y devoción sellando nuestro compromiso. Acordamos que yo hablaría con su papá lo más pronto posible.

Lucio y María Elena bailando días antes de casarse.

Don Polo cruzaba la calle caminando solo y fumándose un cigarro cuando me le acerqué; su conducta no me intimidaba. Estaba preparado para enfrentar su arrogancia y su furia. Sabía que yo era el último hombre que él quería ver casado con su hija menor, pero María Elena y yo estábamos dispuestos de llevar este asunto hasta los extremos. Respetuosamente le pedí la mano de su hija. Groseramente, él rechazó mi propuesta lanzando contra mí una avalancha de insultos.

"¡Tu eres un pendejo! Tu palabra no vale. Eres un mocoso inútil que no gana ni para rasurarse," dijo con rabia. "Que venga tu padre a responder por ti. Esa es la tradición," dijo ofendido por mi petición.

Se alejó lívido, mascullando insultos y amenazas. Caminé a casa desilusionado del resultado de nuestra corta y desagradable conversación. Me había contenido y respetado la reacción de Don Polo, pero él estaba equivocado al no considerarme digno de su hija. Me ofendió con su rechazo y falta de reconocimiento de mi habilidad de poder mantener a María Elena.

"¡Yo tengo güevos!" Murmuré a mi mismo.

Yo era un lechuguero y no me importaba lo que él dijera; yo ganaba más que él, lo suficiente para mantener una familia. Desilusionado, me fui a mi casa en busca del apoyo de mi madre. Yo sabía que mi papá no aceptaría pedir la mano de mi novia. Pero para mi sorpresa, mi mamá también se rehusó inicialmente a darme su apoyo.

"Estas muy chico," me dijo.

Le expliqué la actitud de Don Polo y le imploré que hablara con mi papá. Ella se negó diciéndome que lo nuestro era temporal; que mis sentimientos estaban confundidos y que en unos cuantos días se me pasaría. Su rechazo solo incrementó mi determinación y procedí a enfrentar a mi papá.

"¡Estas pendejo!" Mi papá estallo contra mí cuando le pregunté. "Son unos escuincles que no saben limpiarse el rabo y se quieren casar," alegó.

Me puse furioso y empecé a alegar con los dos, mi mamá y mi papá. Usé un chantaje emocional amenazando con fugarme a un lugar donde nunca me volverían a ver. Me salí dando un portazo y retirándome en mi carrito.

Al siguiente día, mi papá cruzó la calle con un seis de cerveza bajo su brazo hacia la casa de Don Polo. Mi chantaje había persuadido a mi mamá de apoyarme. De alguna manera ella a de haber convencido a mi papá de hablar con Don Polo. Yo no lo acompañé. No quería escuchar lo que ellos tenían que decir de nosotros.

Los rumores de las posibles causas de nuestro repentino matrimonio ya se habían dispersado por todo el campo. El chisme era cruel. Se rumoraba entre los inquilinos que yo era un aprovechado pues María Elena aparentaba ser más chica que yo. Ellos aseguraban que ella estaba embarazada y nuestros padres querían enmendar las cosas con un matrimonio. Nadie creía que podríamos sostenernos nosotros mismos. Se dijeron muchas bromas de cómo nuestros padres tendrían que mantenernos. Había algo de lo que todos estaban seguros, que nuestro matrimonio no duraría más de dos meses. Nadie contemplaba la posibilidad de que estábamos enamorados, que queríamos ser independientes y formar nuestro hogar. Ahora más que nunca queríamos casarnos y demostrarles a todos que hablábamos en serio y éramos lo suficiente responsables para valernos por nosotros mismos. Yo trabajaría diligentemente para pagar el costo de la boda y nuestra luna de miel. Mi orgullo no me dejaría recibir la ayuda de nadie. Yo juré que yo sería el único que se encargaría de proveer para nuestra familia sin esperar ayuda de mi esposa y mis hijos. María Elena se encargaría de la casa y los niños. Estábamos decididos a darles a nuestros hijos un mejor ambiente que lo que María Elena y yo estábamos viviendo.

LA BODA

El taxista murmuró nerviosamente una serie de obscenidades al ser detenido por la policía. Se había metido a una calle en sentido contrario en frente de un oficial.

"¡Que pendejo! No vi al pinchi chota," explotó el chofer golpeando el volante del taxi con sus puños. "Me va a chingar este güey," agregó preocupado.

Yo iba sentado en el asiento trasero, sudando copiosamente, nervioso, mirando mi reloj. Ya estaba tarde causa del retraso inesperado por la falla mecánica del carro de Fidéncio. La transmisión había fallado precisamente cuado nos dirigíamos a la iglesia. Y ahora, este retraso. Yo no iba a llegar a tiempo a la tan esperada ceremonia de bodas.

"María Elena ha de estar preocupada," pensé ansiosamente. "Todo había salido bien hasta ahora. ¿Por qué me esta pasando esto ahora?" Me pregunté confundido por mi desventura.

Los cuatro meses anteriores a la boda habían pasado sin incidentes. Al principio tuve que separarme de María Elena para seguir la cosecha de lechuga a Bakersfield. Pero pronto, nos juntamos en Calexico donde comenzamos los preparativos de la boda. Nos vimos obligados a casarnos en Mexicali. Teníamos solamente dieciséis años de edad y en California la edad legal era dieciocho. En Mexicali, la presencia de nuestros padres era suficiente. Hicimos todos los preparativos para la boda ahí. María Elena buscó su vestido de bodas y todos sus complementos, mientras yo hacía los trámites para la celebración. Planeamos una pequeña fiesta y ahorramos nuestro dinero para nuestra luna de miel.

La ceremonia civil resultó un acontecimiento cómico. Cuando estábamos pidiendo información, una puerta se abrió repentinamente, y el juez salió en estampida de su oficina.

"¿Donde esta la pareja? Le preguntó ansiosamente a la secretaria.

La secretaría encogió los hombros.

"Se ha de haber rajado este pinchi morro," perjuró el enfadado juez.

La oficina del juez estaba llena de estudiantes de primaria. Habían ido a presenciar una boda entre menores de edad la cual había sido programada por el juez. El juez se paseaba de un lado a otro en el pasillo pensando una solución. De repente se percató de nosotros. Le preguntó a la secretaria que era lo que buscábamos. Cuando supo que éramos una pareja de menores que quería contraer matrimonio, nos propuso casarnos inmediatamente. Nosotros éramos la solución de su problema. No importaba quien se iba a casar siempre y cuando fuera una pareja de menores. No nos esperábamos esto. No íbamos vestidos apropiadamente y no teníamos los testigos. Al juez no le importaba. Él aconsejó a mi papá de ir por alguien en la cantina más cercana.

"Nada más ofréceles unas cervezas," dijo el juez graciosamente.

Él había encontrado la solución a su problema y esos pequeños detalles no iban a ser impedimento. Entramos en el despacho bajo la curiosa mirada de los estudiantes y maestros quienes esperaban el comienzo de la ceremonia. El juez modificó el proceso de la ceremonia para explicar las implicaciones del matrimonio. La ceremonia fue un memorable acontecimiento. Viendo de nuevo las fotografías, era gracioso ver como nos mezclábamos entre la multitud de estudiantes que nos miraban fijamente. No éramos mucho más mayores que ellos y era difícil distinguir a los recién casados entre la multitud de alumnos. María Elena y yo estábamos felices de haber podido librar el primer obstáculo en tan singular manera. Pero ahora, estaba en peligro de perderme la ceremonia religiosa.

Después de unos minutos empecé a sentir pánico por el retraso. Veía como los oficiales y el chofer discutían eternamente mientras los minutos se pasaban inevitablemente. Empecé a desesperarme. Me bajé del taxi y me acerqué a los oficiales.

"Pásanos quebrada," les imploré.

Les expliqué lo desesperado que estaba de llegar a la iglesia y como el chofer tan solo intentaba ayudarme. El oficial escuchó asombrado cuando le platiqué como Fidéncio, mi padrino, me llevaba a la iglesia y su carro se había descompuesto. Me había quedado tirado y en desesperación paré el taxi. El chofer llevaba un pasajero que se bajaría unas cuadras adelante y después me llevaría a mí. El oficial simpatizó con mi situación y se ofreció a ayudarme. Riéndose, él le ordenó al taxista que siguiera la patrulla a la iglesia. Ya estando haya se arreglarían con la infracción. Los oficiales bromearon de su buena obra del día ayudándome a llegar a la iglesia, lo más pronto posible, para que "yo me ahorcara solo". Los oficiales prendieron su sirena y se fueron a toda velocidad por el centro de la ciudad pasándose todas las luces rojas. El taxista los siguió de cerca; Yo ya estaba veinte minutos tarde cuando llegué.

"¿Donde estabas pendejo? Preguntó mi papá frenético.

Ignoré sus insultos, me bajé del taxi y corrí al carro de María Elena. Ella estaba sentada en el asiento de atrás llorando. Su angustia se había agravado con la insistencia del sacerdote de que yo la había dejado plantada.

"No, ese jovencito ya se dio a la fuga," repetía el sacerdote.

María Elena había sufrido unos minutos muy frustrantes; atormentados por los berrinches de su papá quejándose de la vergüenza que mis acciones estaban provocando a la familia. Don Polo aseguraba que yo me había arrepentido e insistía que se fueran inmediatamente. María Elena se resistió a las demandas de su papá, insistiendo en que yo no era capaz de abandonarla. Su persistencia brindó frutos. Me dio tiempo a llegar y cumplir con mi compromiso. Nos abrazamos mientras le explicaba lo que había sucedido. Le pedí al sacerdote que considerara nuestra situación y que a pesar del retraso continuara con la ceremonia. El sacerdote accedió de llevar a cabo una ceremonia más corta pues tenía otra pareja esperando su turno. Entre severas especulaciones y críticas, llevamos acabo la boda. Fue corta pero muy dulce. María Elena se miraba hermosa en su vestido de novia. Secándose las lágrimas, ella camino hacia el altar. Sus batidas emociones se aclararon cuando intercambiamos nuestras promesas. Su sonrisa era visible detrás de su velo cuando intercambiamos los anillos. Ella se estremeció de emoción cuando le descubrí la cara y tiernamente la bese en la frente. Finalmente, después de un episodio tan frenético y contra tantos obstáculos, habíamos conseguido el derecho de estar juntos.

Arriba a la izquierda, Lucio y María Elena en su boda civil; a la derecha, Lucio y María Elena después de la boda civil celebrando en un restaurante cercano; abajo izquierda, Lucio y María Elena durante la ceremonia de lazo en la boda religiosa; derecha Lucio y María Elena durante la ceremonia del beso en la boda religiosa.

La caravana de carros se alejó de la iglesia haciendo sonar su claxon dirigiéndose a la residencia donde se llevo a cabo la celebración. La celebración fue sencilla pero muy acogedora. Solo fueron invitados unos cuantos amigos y familiares los cuales se juntaron en una casa prestada por unos amigos para la fiesta. Haciendo a un lado las blasfemias de los incidentes de la boda, comimos, tomamos, y bailamos por varias horas. Intentamos olvidar todos los conflictos que habíamos sobrevivido en los últimos meses. Todos se oponían a nuestra boda por diferentes razones. Algunos simpatizaban pero pronosticaban problemas y nos aconsejaban esperar.

"Si de verdad se quieren pueden tener la determinación de esperar," me decía el señor Belcher. "Disfruta de la vida, termina la escuela, no hagas decisiones precipitadas," me aconsejaba.

Nuestros padres intentaron convencernos de cambiar de opinión, un día con las promesas de largas vacaciones o un carro nuevo, otro día, con amenazas de no ayudarnos si fracasábamos. Pero nosotros estábamos decididos.

Durante la fiesta nos divertimos siguiendo las tradiciones, pero en realidad, María Elena y yo nos queríamos ir lo más pronto posible a disfrutar este día nosotros solos. Después de algunas horas, por fin se llegó el momento. Nos subimos a mi carrito, pero cuando lo quise prender solo se escuchó un ruido extraño. Frunciendo el ceño, intenté de nuevo con los mismos resultados. Miré hacia fuera por la ventana desconcertado y vi a mis amigos burlándose.

"Este güey esta embrujado. Carro que tienta carro que chinga," me bromeaban.

No podía creer mi suerte; hasta mi carrito estaba conspirando contra de mi. Siempre había sido muy confiable, y ahora, cuando María Elena y yo nos preparábamos a partir de la celebración, mi carrito no quería prender. Todos detuvieron su despedida y se comenzaron a reír.

Miré a María Elena con una sonrisa ingeniosa. Con determinación, puse la transmisión en neutral, me bajé del carro y empecé a empujarlo. Mi intención era poner el carro en movimiento, subirme rápidamente y poner la transmisión en primera para forzar el motor a que prendiera. No pude agarrar suficiente velocidad en mi primer intento y el motor no prendió. Mis amigos divertidos hacían toda clase de comentarios astutos. Me bromeaban de que todos los carros conspiraban contra mi urgencia de quererme ir.

"¡Súbete güey!" Me gritaron.

Tres de mis amigos empujaron el carro hasta que agarró suficiente velocidad para forzar el motor a prender. Al comenzar el motor, presioné fuertemente al acelerador haciendo derrapar las llantas de mi carrito. Hice una vuelta completa y una pasada victoriosa por la calle haciendo sonar el claxon entre las porras de mis familiares y amigos.

"Dale güey, dale, no se te vaya a parar," me gritaban con sátiros comentarios.

Me fui a toda velocidad por las calles obscuras y polvorientas del barrio y me dirigí a nuestro nido de amor. Por fin, después de una prolongada agonía llegó el éxtasis de tener a mi amada María Elena a mi lado.

EL MATRIMONIO

"Debe de ser ella," pensé mientras me apresuraba a contestar el teléfono.

Era una llamada por cobrar de María Elena, la cual rehusé aceptar. Era una estrategia que usábamos para comunicarnos. María Elena hacía la llamada por cobrar como una señal para que yo le llamara. Ella tenía acceso limitado a un teléfono y las llamadas de California a México eran más baratas. Yo estaba feliz de escuchar su voz y saber de ella y los niños. Yo tenía noticias alentadoras sobre mi lastimadura. Había ido a un doctor de mi elección que no estaba relacionado con el seguro. Su diagnostico favoreció mi petición de beneficios de compensación. Él estaba tratando mi lastimadura y aliviando mi dolor. El doctor también me aconsejó sobre otros beneficios económicos por los cuales yo podría aplicar al regreso de María Elena. Ella preguntó preocupada acerca de mi dolor y la dificultad que estaba pasando estando yo solo. Intenté sonar alegre para evitar causarle más preocupación. Pero en realidad yo deseaba que ella estuviera de regreso. Necesitaba de sus cuidados. Yo dependía de sus cuidados para poder sanar. Ella siempre era mi apoyo en las buenas y las malas. Desde el primer día de nuestro matrimonio nuestras vidas habían estado llenas de retos. En cuanto la luna de miel terminó y la vida real comenzó rápidamente. Fue un duro despertar el regreso de las delicias de un paraíso a las dificultades de la vida de lechuguero.

Nuestra ignorancia sobre las responsabilidades de una pareja era obvia. Tuvimos que aprender de una forma difícil. Nuestras primeras lecciones fueron de cómo vivir independientemente. Ni siquiera teníamos la más remota idea de cómo comenzar. Nuestro primer error fue no haber asegurado donde vivir a nuestro regreso. La consecuencia fue tener que vivir con mis suegros hasta que encontramos nuestro propio apartamento. Tuvimos que regresar al restrictivo ambiente que habíamos luchado por deshacernos y tuvimos que prolongar nuestra independencia completa por unas semanas. Aceptamos la oferta renuentemente solo para descubrir que en realidad era conveniente pues María Elena no sabía cocinar. De primero no le veíamos inconveniente cuando tocábamos el tema.

"Yo sobreviviré de puro amor y emparedados de bolonia," yo bromeaba con ella.

Pero pronto descubrimos que saber cocinar era muy importante para la esposa de un lechuguero. Era parte de las responsabilidades tradicionales de las mujeres de familias campesinas. Dentro de estas familias era un deshonor no saber cocinar.

"Pá que sirve una pinchi vieja que no sabe cocinar," las mujeres abnegadas chismeaban en la lavandería y en los campos.

María Elena no había aprendido las habilidades de ama de casa. Ella se había revelado contra las tareas que le ponía su mamá. Ahora estaba enfrentando nuevas responsabilidades y tenía que comenzar de la nada.

Cuando regresé al trabajo, yo necesitaba mi lonche a diario y María Elena no tenía idea como hacerlo.

"Yo te enseño a hacerle lonche a Lucio," le ofreció doña Bernardina a mi esposa.

Las mujeres se levantaban temprano a preparar la comida del día. A las dos de la mañana, María Elena, su hermana y su mamá se ponían a hacer comida y tortillas. Después envolvían una porción generosa de tacos para el desayuno y llenaban termos con comida caliente para el lonche. Doña Bernardina era una excelente cocinera; yo era afortunado que ella estaba enseñando a María Elena.

Mis amigos me envidiaban y constantemente reconocían mi buena fortuna. Cuando me recogían para ir al trabajo, María Elena me encaminaba hasta la puerta y me daba un beso de despedida al tiempo que me daba mi lonche. Cuando regresaba, ella me recibía en la puerta con un beso apasionado.

"¡Que suerte la de éste güey!" Ellos decían con envidia.

"Se ralló, se encontró una jaina bien chula y buena para hacer refín," dijo un amigo, asumiendo que mi esposa era la que me cocinaba mi comida.

"Y lo despiden con un beso. ¿Qué más puede pedir un lechuguero?" dijo otro amigo.

Terminaban bromeándose uno al otro de ser mandados al trabajo con mala cara y un lonche frío o un emparedado.

"¿A ti que te echó la fiera?" Se preguntaban entre si burlescamente refiriéndose a sus esposas.

Muchos de mis compañeros elogiaban mi lonche. Algunos siempre se sentaban a comer conmigo a sabiendas que siempre tenia bastantes tortillas blanditas y deliciosos tacos para compartir. Ellos halagaban mi salsa picante y una variedad de postres enrollados cuidadosamente en papel de aluminio.

"A este si lo quieren y le hacen lonche con cariño," mis amigos decían con halagos mientras compartían mi comida.

Decían que mi esposa hacía las mejores tortillas en el mundo. La atención que yo recibía debido a mi lonche era fabulosa. Yo la disfrutaba. Un lechuguero con un buen lonche siempre era bienvenido.

"Siéntate con nosotros," dijo José, un miembro de mi trío.

Yo tímidamente rechacé la oferta. Yo había estado evadiendo a mis amigos todo el día. Era la primera vez que mi esposa me hacía el lonche ella sola, y tristemente descubrí que estaba lejos de parecerse a los lonches de las últimas semanas. Las tortillas estaban duras y se desmoronaban al querer enrollarlas en un taco. El primer bocado de mi taco fue como morder en una piedra. La comida estaba salada y difícil de comer. Tenía miedo a ser ridiculizado cuando descubrieran la realidad de mis lonches. Era inevitable; no podía ocultarlo por siempre. José camino hacía mi y me pidió una tortilla. Él agarró una e inmediatamente se dio cuenta que no eran las mismas. Las tortillas estaban en forma de un babero de niño. José se puso la tortilla en el pecho y se la modeló a toda cuadrilla para divertirlos.

"Ya se me hacía mucha suerte la de este güey," José dijo burlándose de mi.

Todos alrededor comenzaron a reírse y hacer bromas. Yo fui el hazme reír de la cuadrilla por los próximos días. Yo estaba enfadado de todo el asunto. Me sentía traicionado por María Elena. Yo sentía que no estaba cumpliendo con sus obligaciones. Su descuido me había ocasionado una gran vergüenza. Enfurecido quería llegar pronto a la casa para reclamarle.

"¿Que chingados pasó con mi pinchi lonche? Me quejé enojado de la vergüenza que me había ocasionado.

No acepté las excusas de María Elena y la acosé verbalmente. Al principio se disculpó, pero después se enfadó de mis lamentos y contraatacó.

"A mi no me vas gritar," me dijo ofendida. "Yo no soy tu criada y si no te gusta búscate otra," me dijo sollozando.

Se fue a la recamara llorando y me dejó parado, hablando solo. Cuando desapareció dando un portazo, me di cuenta que había ocasionado nuestra primer discusión grave. Me sentí culpable y traté de consolarla. Pero María Elena no hizo caso a mis ruegos y terminé durmiendo en el sofá por primera vez. El siguiente día fue miserable. Tuve que hacerme mis propios emparedados de bolonia y mi tristeza era obvia, dándoles a todos los lechugueros razón de seguir burlándose de mí.

"Me van a dar carrilla todo el día," me lamenté.

La carrilla de mis compañeros fue cruel. Ellos remedaban a mi esposa tirándome la barra de pan y el paquete de bolonia y diciéndome, "Hazte tu propio lonche."

"¿Dormiste con el perro, güey?" Me preguntaban constantemente.

Aguanté toda la carrilla en silencio. Regresé a la casa triste y arrepentido. María Elena no quería hablarme a pesar de mis disculpas y promesas de no volverlo a hacer. Yo insistí toda la tarde y finalmente me gané su perdón más tarde esa noche. Salimos a cenar y regresamos sonriendo y agarrados de la mano. La reconciliación calmo la tensión de nuestra relación temporalmente. Era uno de muchos pleitos por venir.

Al transcurso de los años, nuestra relación paso por muchas pruebas difíciles. Mi inmadures y falta de buen juicio creo muchos problemas. Nuestra relación cambiaba bruscamente de placentera a turbulenta. La paciencia de María Elena hacía nuestras reconciliaciones posible, pero yo siempre encontraba una razón de levantar su estrés. Empecé desarrollar los mismos comportamientos de los que estaba huyendo. Me convertí en alguien dominador, manipulador, y abusivo como mi papá y Don Polo. Yo desatendí a mi familia para proyectar la imagen de ser muy macho con los otros lechugueros. Las parejas mayores decían que todos tenían problemas y que los conflictos eran parte del matrimonio. María Elena y yo tuvimos nuestra buena porción de una vida conflictiva.

MAMACITA

"Dispénsame querida, pero tu mamá tiene que venir con tu hermanito," dijo una enfermera viejita a María Elena, recordándole las reglas del consultorio.

"Pero es que yo soy la mamá," le contestó María Elena.

"¿Como puede ser eso? Parece que tienes doce años," dijo la enfermera, asombrada de la declaración de María Elena.

"En realidad, tengo dieciséis años y mi bebito nació hace dos semanas. Tengo una cita para su primer examen médico," explicó María Elena.

"Pero si eres una cosita," dijo la enfermera en un tono dulce mientras miraba bajo de la cobija para ver al bebé.

De repente, ella miró hacia mi que estaba parado de tras de María Elena.

"¿Eres tu el papá?" Preguntó contrariada.

Mi aspecto me hacía ver mucho mayor y daba la impresión que me había aprovechado de María Elena. Con mi pelo largo y mi barba sin arreglar yo me veía como una bestia; ella era pequeñita y se veía tan inocente.

"Si," le contesté orgulloso. Se parece a mi," le dije sarcástico.

La viejita ignoró mi comentario y continuó elogiando a María Elena por su bebé.

"Hiciste un gran trabajo, querida," ella dijo mientras agregaba el nombre de nuestro hijo en la lista de espera.

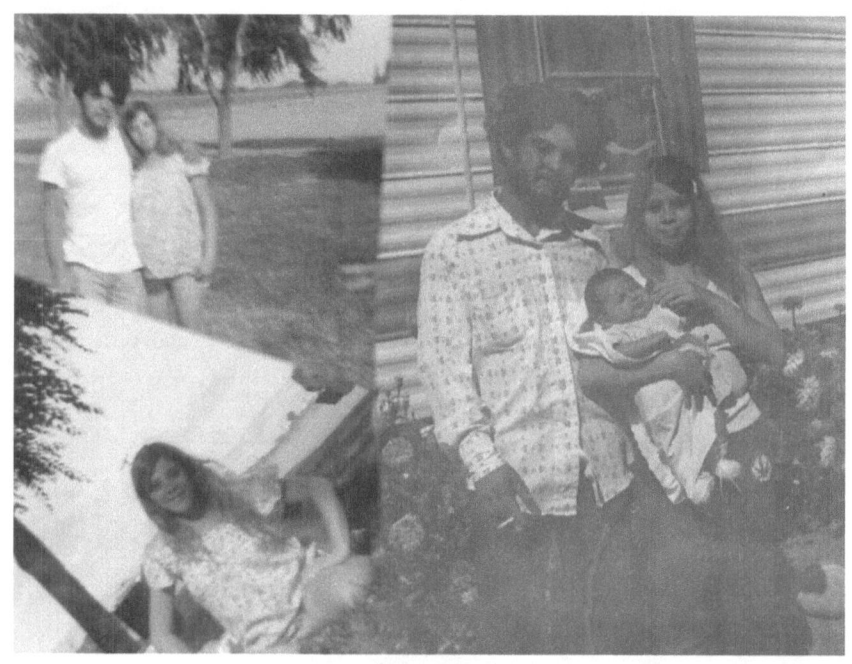

A la izquierda, Lucio Y María Elena durante el primer embarazo; derecha, Lucio, María Elena y Lucito recién nacido.

María Elena y yo nos sentamos en la sala de espera. Ella aun estaba débil del parto. El bebé había nacido prematuro y pesaba tan solo cinco libras seis onzas, pero después de unos días en la incubadora y el cuidado intenso del doctor, Lucito se encontraba muy sano. Disfrutábamos presumir a nuestro hijo por todos lados. Lo llevábamos donde quiera que íbamos. Llamaba la atención de la gente quienes siempre tenían curiosidad de la edad de María Elena. Nos gustaban los cumplidos que nos hacían. Los dos estábamos muy contentos que nuestro sueño de ser padres se nos había cumplido. Pero pronto descubrimos que tener un bebé no era un sueño sino una verdadera tarea.

La primera noche que lo tuvimos en casa, sus fuertes chillidos me despertaron. Levanté la cabeza de la almohada y miré a María Elena en la cocina. Me salí de la cama tambaleante y fui a su lado. Ella preparaba una tetera.

"Déjame ayudarte. No deberías levantarte. Cuando ocupes algo, despiértame," le dije.

"Yo no quería despertarte todavía. Son apenas las dos de la mañana y todavía puedes descansar otras dos horas antes de irte al trabajo," me contestó María Elena.

"No, yo quiero que tu descanses," le insistí.

El bebé continuó llorando hasta que María Elena le dio la tetera. Medio dormido, yo cargué al niño en mis brazos y lo paseé por el cuarto hasta que se durmió. Era una rutina que se repitió todos los días por muchos meses. El hermoso y pasivo bebé se había convertido en una pesadilla. El dormía de día y me despertaba a las dos de la mañana llorando desesperadamente. Había veces que nos preocupaba que estuviera enfermo y María Elena les pedía consejos a nuestras madres. Las dos le decían que el comportamiento del bebé era normal.

"¿Querían tener hijo? Pues ahora se aguantan," era la respuesta más común de nuestras madres.

No sabíamos que esperar, y cada vez que Lucito lloraba nos preocupábamos. En varias ocasiones lo llevamos al hospital a media noche. El diagnostico era constipación y dolor de estomago. Muchas de las veces, el bebé solo tenía hambre o quería que lo abrasaran. Duramente aprendimos que los bebes son más que andarlos presumiendo por todos lados.

María Elena y yo estuvimos de acuerdo de compartir responsabilidades en nuestro matrimonio para evitar algunas de las condiciones injustas que nuestras madres habían aguantado. Acordamos que ella cuidaría los niños y se encargaría de los quehaceres de la casa mientras yo trabajaba para cubrir los gastos. Yo nunca concebiría que ella trabajara en el campo. Cuidar a los niños, por si sola, sería una tarea difícil. Requería más habilidades de lo que nosotros habíamos anticipado. El nacimiento de Lucito fue un duro despertar.

Yo me convertí en un buen proveedor. Me encargué de todas las necesidades de mi familia. Pero fui egoísta y rechazaba cualquier opinión o sugerencia diferente a la mía. Las contradicciones eran enfrentadas con tácticas de intimidación. Las protestas de María Elena eran confrontadas con berrinches. Ella se tornó insegura y abnegada y toleraba mi genio. Pero cuando me excedía a su nivel de tolerancia se defendía. Ella respondía agresivamente y usaba el chantaje emocional amenazándome con irse con nuestros hijos a donde nunca los volvería a ver. Ella sabía mis puntos vulnerables y yo siempre terminaba buscando una reconciliación. A pesar de muchos años de conflicto salvamos nuestro matrimonio. Pero inconscientemente nuestros continuos enfrentamientos mitigaron el ya oprimido ambiente de nuestros hijos.

LOS SAIKONEROS

Mis amigos lechugueros vinieron a visitarme cuando supieron que me había lastimado. Venían en las tardes después del trabajo. Traían cerveza y nos pasábamos horas platicando en el patio detrás de mi casa. Habíamos formado un grupo social unido mientras trabajábamos en una reconocida compañía lechuguera. El grupo se había ganado el apodo de Saikoneros por su perseverancia trabajando en una de las más duras compañías del Valle Imperial. Dimos muchos años de servicio leal para esta compañía en condiciones severas, solo para perder nuestro trabajo después de una larga y violenta huelga. Yo era uno de los trabajadores más jóvenes y trabajé once años con los Saikoneros. Muchos de los Saikoneros se habían pasado la mayor parte de su vida trabajando en esta compañía. Las experiencias que compartimos en ese tiempo formaron una unión fuerte entre nosotros que duró muchos años.

Inicialmente yo solicité empleo en esta compañía en busca de un trabajo más estable para así poder guardar suficiente dinero para pasar el verano. La compañía tenía la reputación de trabajar su gente duramente durante la temporada. Era difícil aguantar, pero se ganaba bastante dinero. También obteníamos más créditos para calificar para los beneficios de desempleo más altos en tiempos cuando el trabajo era escaso. Los Saikoneros tenían la reputación de una gran resistencia y determinación para trabajar bajo extremas condiciones del clima. Mucha gente no estaba impuesta a condiciones extremas y abandonaban el trabajo en unos cuantos días para nunca regresar.

"Están locos estos güeyes, trabajan hasta lloviendo," decían los críticos de las condiciones de trabajo de la compañía

Yo también tenía deseos de trabajar con los Saikoneros porque quería realizar mis metas de convertirme en un lechuguero respetado. Trabajando al lado de los lechugueros más aguerridos en el valle, me daría el reconocimiento que yo buscaba.

Al principio me fue difícil adaptarme a la rutina de los Saikoneros. Pero un amigo mío, José, me ayudo a hacer una transición más fácil. José era un reconocido lechuguero y tenía influencia en la cuadrilla. Él me invitó y me enseñó como evadir la intimidación impuesta por los Saikoneros.

"Te van a querer tronar," me bromeaba. "Yo te hago un paro," él me decía.

Era bueno tener a alguien que abogara por mí en tan hostil ambiente.

Mi primer día, yo me senté silencioso en el camión esperando la salida al fil de lechugas. Eran las dos de la mañana, sin embargo las calles estaban llenas de gente apresurándose al trabajo. En el principio de la temporada los files estaban lejos y el viaje al lugar de trabajo era largo. En el camión, algunos trabajadores platicaban en voz baja mientras otros se hacían bolita en el asiento tratando de dormir. José no viajó en el camión ese día al trabajo por lo cual yo me senté solo bajo la mirada curiosa de los veteranos. De pronto un hombre grande, llamado la Leona, entró en el camión insultando a todos. Con sus saludos, les recordaba de los defectos de sus madres. Sus groserías fueron respondidas con insultos seguidos de abucheos.

"¡Cállate el hocico pinchi Leona!" Le decían algunos trabajadores furiosos.

La Leona amenazó a todos mientras caminaba por el pasillo, maldiciendo a los trabajadores hechos bolita que trataban dormir.

"Ya están viejos," él gritaba. "Ya se habían de pensionar," decía con desprecio.

La Leona se paró en mi asiento y me miró indignado.

"¿Y este güey quien es?" Él preguntó apuntándome.

Yo lo miré fijamente en silencio. Él se paró dominante frente a mí mientras yo permanecí sentado. Me arrebató una caja de cigarrillos de la bolsa de la camisa y tomó uno. Él encendió el cigarro, inhalo una bocanada y me aventó la caja de cigarros de regreso.

"Vale más que te la rifes güey, porque si no aquí vas a tronar," me amenazó. "¿Quién te trajo?" Él preguntó.

"Ya cállate el hocico pinchi Leona. Deja ese morro en paz," dijo un enojado hombre sentado tras de mi.

"Tu no te metas pinchi Yuca," dijo la Leona.

La Yuca era un veterano chaparrito respetado por todos. Él había sido boxeador, tenía una cinta negra en judo y había sido Saikonero por muchos años.

"Si sigues chingando te voy a partir la madre pinchi mariguano," dijo la Yuca mientras se levantaba y le tiraba una fuerte patada, rozando el trasero de la Leona.

"Pinchi cuerpo de oquis," lo maldijo la Yuca.

La Leona se fue hacia la parte trasera del camión balbuciendo obscenidades. Se acostó a través de dos asientos a dormir. La Yuca se hizo bolita en su asiento mientras me decía que no me preocupara de la Leona.

"Él es nada más un bravucón hocicón, pero es buen amigo," me dijo la Yuca para tranquilizarme.

El primer mes de la cosecha de lechuga era en Welton, Arizona. La temporada continuaba con cuatro meses en el Valle Imperial y un último mes devuelta en Welton. Era un viaje redondo, todos los días, de doscientas cuarenta millas, pero la gente estaba ansiosa y dispuesta de hacer el sacrificio después de un largo verano. En mi primer día de trabajo fui asignado a formar trío con la Yuca. Fue una asociación que duró muchos años, desarrollamos una gran amistad y después nos hicimos compadres. La cuadrilla empezaba a un ritmo lento, cortando y empacando con la mejor calidad posible. Era una estrategia muy efectiva. La compañía era famosa por cosechar lechuga de calidad. La empacaban cuidadosamente para darle una buena presentación por las mañanas. Esta era una buena estrategia para atraer a los compradores y que hicieran unas órdenes cuantiosas. Entre más cajas vendiera la compañía, más dinero ganaban los empleados. Por las tardes, mientras todas las demás compañías se iban a casa habiendo completado pedidos pequeños, los Saikoneros continuaban trabajando hasta que se metía el sol para poder completar las cuantiosas órdenes. Durante la mañana los trabajadores de la cuadrilla se enfrascaban en conversaciones acerca de noticias recientes y los deportes. Había el acostumbrado bromeo y acoso entre ellos. Para media mañana y por el resto del día la pasividad de la cuadrilla se desaparecía y una feroz competencia entre los tríos comenzaba. Se convertía en una competencia de ver quien cortaba y empacaba cajas más rápido. Los ganadores alardeaban todo el día sobre su superioridad. Los perdedores se convertían en objeto de crueles comentarios. Al final del día, todos estaban exhaustos y arrastraban los pies al caminar al camión para el largo viaje de regreso a casa. En el camión todo era silencio; solo se escuchaban algunos gemidos ocasionales de los fatigados trabajadores. Algunos trabajadores disimulaban su dolor por orgullo, pero la expresión en su cara reflejaba su agonía. El chofer nos llevaba a la licorería o tienda de abarrotes más cercana para abastecernos para el largo viaje de regreso.

"Párate donde diga licor," gritaba la cuadrilla al acercarnos al poblado más cercano.

Todos se bajaban del camión en busca de su bebida favorita, por lo general cerveza o whiskey. También comprábamos bocadillos para amortiguar el hambre. Al reanudar el viaje, y con cada trago de licor, el ambiente se alegraba. De repente, Chencho, un viejo lechuguero sacaba un enorme vaso. El le echaba una porción de su whiskey y pasaba el vaso a Chon, un lechuguero que siempre estaba a su lado. El vaso era pasado alrededor del camión a toda la cuadrilla hasta que regresaba a Chencho lleno con muestras de todas las bebidas disponibles. El veterano le dio un trago y pasó el vaso a Chon y después fue pasado alrededor del camión para que todos tomaran un trago.

"Vieja el que no le entre," dijo Chon, retando a todos a beber de la extraña mezcla.

"¡Comenzó la hora cuchi cuchi!" Gritó Chencho, imitando la voz de niño.

Mareados por el licor y penetrados por la mezcla de grifa y humo de cigarro, los lechugueros transformaban el interior del camión en una cantina. Los tahúres se apoderaban de la parte trasera del camión mientras el resto la cuadrilla se involucraba en una función de variedad. Chencho y Chon formaban una formidable función cómica durante toda la travesía. Ellos tenían el suficiente repertorio para bromear y burlarse de todos en la cuadrilla. El evento principal era un duelo entre lechugueros imitando cantantes mexicanos populares. La hora cuchi cuchi se terminaba al llegar a Calexico en medio de amenazas del mayordomo de que levantaran la basura y de mantenerse lo suficientemente sobrios para trabajar al siguiente día. Esta actividad cotidiana de la cuadrilla se repetía durante todo el año. Nosotros éramos la tercera de cuatro cuadrillas con rutinas similares. Los días que salíamos temprano, las cuadrillas se retaban por medio de sus líderes para jugar un partido de béisbol. Era una extensión de la hora cuchi cuchi. Por un rato nos liberábamos de las penas de la vida de lechugueros los cuales soportaban muchos abusos a diario. Se les exigía a trabajar bajo condiciones extremas y con muy poco descanso. Eran sometidos a los sueldos más bajos del valle. Los baños portátiles estaban sucios y el agua imposible de tomar. Los mayordomos trataban a la gente con arrogancia y buscaban la manera de humillarlos. Era obvio el favoritismo a los trabajadores lambiscones con los mayordomos. Muchos veteranos hacían compadres a los mayordomos para poder gozar de privilegios.

Las cuadrillas eran formadas por reglas de señoría colocando a los más veteranos en las primeras dos cuadrillas. Eran los trabajadores más fieles. Ellos habían sido expuestos a prácticas esclavistas desde antes y para ellos los abusos eran algo normal. Nuestra cuadrilla estaba formada por lechugueros más jóvenes y tendíamos a protestar. Yo era el más joven en la compañía cuando comencé a la edad de diecisiete años. No nos gustaba el trato pero nos quedábamos por la necesidad económica. El consenso general era que si no te gustaba como se trabajaba ahí te fueras a buscar trabajo a otro lado. Los Saikoneros desarrollaron resiliencia a través de los años y se les atribuyó el legado de ser unos lechugueros aguerridos.

*En medio, El compa Yuca y Lucio; arriba, izquierda, la cuadrilla de lechuga;
derecha Jesús, Lucio y Johnny haciendo trío; abajo izquierda, Lucio y Johnny
cortando lechuga; derecha, Silvia y Herlinda (mamá) en el descanso de un día en
las maquinas de lechuga.*

"Hola compañeros," dijo un hombre negro, alto al acercársenos.

Él era un miembro de La Unión de Campesinos y andaba reclutando trabajadores para organizar las próximas elecciones. Mochombo, Memo y yo habíamos quedado aislados de la cuadrilla para trabajar en una pequeña esquina del fil. El hombre negro nos explicó que había intentado hablar con los otros trabajadores en la cuadrilla pero que todos se habían negado a hablar, intimidados por la presencia del mayordomo. Sin ninguna presión, nosotros lo escuchamos con interés. Por algunos años había existido una campaña para proporcionar una unión en la labor del campo. Nosotros ya habíamos estado bajo contrato con la unión de los Teamsters por un par de años. Habíamos tenido algunos beneficios como aumento de salario y seguro médico. Ahora las leyes

165

del estado le estaban dando oportunidad a otras uniones de participar en la elección. Se les estaba dando la oportunidad a los trabajadores de elegir una unión de su preferencia. Los candidatos eran: Los Teamsters, La Unión Independiente, y La Unión de Campesinos Unidos. Las compañías rechazaban la idea de tener una unión. Algunos toleraban a los Teamsters pero todos rechazaban la Unión de Campesinos de Cesar Chávez.

Al siguiente día el hombre negro, alto acompañado por otro hombre, tocaron a mi puerta. María Elena miró afuera por la ventana para ver quien era.

"¿Que quieren?" Preguntó María Elena preocupada.

"No se. Son Chavistas," le contesté.

"No te involucres," dijo María Elena. "Es muy peligroso," me previno.

"Están tratando de ayudarnos," le dije.

María Elena no apoyaba mi participación en la unión.

Invité a los dos hombres que pasaran y hablamos por unos minutos. Ellos me invitaron a la oficia de la unión al siguiente día, después del trabajo para comenzar la planeación de la campaña. Yo me uní a la Unión de Campesinos para ayudar a organizar la cuadrilla tres de los Saikoneros. Las cuatro cuadrillas tenían un organizador pero únicamente las cuadrillas tres y cuatro apoyaban fuertemente la causa. Las cuadrillas uno y dos estaban llenas de veteranos quienes tenían fuertes lazos con los mayordomos y simpatizaban con la compañía. Tomó mucha persistencia para lograr su apoyo. La mayoría de los Saikoneros deseaban un cambio. Los trabajadores más jóvenes estaban deseosos de enfrentar la compañía y hacer lo que fuera necesario para conseguir un contrato. Formamos un fuerte equipo negociador. Jesús, Mochombo, Memo y yo representábamos las cuatro cuadrillas en las negociaciones. Las sesiones eran tensas. Los negociadores de la compañía trataban de intimidarnos levantando sus voces y golpeando la mesa con expresiones duras. Trataban de confundirnos con su vocabulario de abogados. Pero a pesar de nuestra falta de educación, defendíamos muy bien nuestras posiciones. Jesús y yo hablábamos el inglés fluido y servíamos como interpretes a los abogados del estado que nos representaban. Hacíamos mejor papel que los intérpretes de la corte por que nosotros estábamos familiarizados con el vocabulario de los campesinos y los términos del campo. Nuestro equipo negociador tenía una personalidad muy fuerte y no nos dejábamos intimidar por la presencia del patrón.

La primera campaña de elecciones fue exitosa. Sun Harvest fue la primera compañía que firmó un contrato con la Unión de Campesinos. Era la compañía más grande con miles de trabajadores. Ellos pusieron un precedente importante para las otras compañías. Solamente dos compañías grandes ganaron elecciones que las mantuvieron libres de uniones: Bud Antle y Bruce Church. Estas compañías doblaron los salarios para ganarse el apoyo de sus trabajadores. Para las compañías que votaron por La Unión de Campesinos, se negociaron contratos independientes. Nuestra compañía era la más grande del valle y puso una fuerte resistencia. Tuvimos que hacer paros de trabajo, en protesta, por tres días para presionar que firmaran. Los contratos de la unión trajeron muchas reformas al trabajo del campo. Las prácticas de trabajo fueron más dignas. La interacción entre los mayordomos y los trabajadores era respetuosa. Los baños estaban limpios y el agua se podía tomar. Teníamos quince minutos de descanso cada dos horas y media hora de lonche. Los trabajadores tenían seguro médico, vacaciones pagadas y aumento de sueldo. Disfrutamos de dos años de prosperidad.

Después de dos años de contrato, las negociaciones por un segundo término comenzaron. Esta vez las cosas no marcharon tan bien. Durante las primeras negociaciones, las compañías estaban aisladas y presionadas a firmar los contratos por medio de boicoteos y paros de trabajo. Las compañías que estaban negociando no querían detener el trabajo mientras los competidores seguían trabajando. Las compañías eran rivales y se beneficiaban de los paros de las otras. Durante la segunda negociación, la estrategia de la unión era de consolidar los contratos en uno solo. La estrategia de la unión forzó a las compañías a unir sus recursos, creando un contrincante formidable. Jesús y yo alegamos con los otros líderes de las otras compañías, pero Sun Harvest apoyaba fuertemente a tener un solo contrato. Cuando la resolución se puso en la mesa para votar, su decisión no podía ser retada. Ellos tenían más votos que todas las demás compañías juntas. Pero fue una mala idea.

El resentimiento entre los trabajadores y las compañías incrementó. Las compañías resentían el sabotaje de muchos de los empleados. Trabajadores vengativos trabajaban más despacito y hacían trabajo de mala calidad dañando la producción de las compañías. Los Saikoneros pensaban diferente, nosotros continuábamos trabajando con la misma calidad para mantener a la compañía competitiva.

"Esos güeyes están matando la gallina de los huevos de oro," decían los Saikoneros.

Esta ideología causo muchos resentimientos entre los lechugueros de otras compañías y nosotros. En las juntas de la unión nos acusaban de ser vendidos. Jesús y yo defendíamos nuestro punto de vista y debatíamos contra la decisión de unir a todas las compañías en un contrato unificado. Las compañías no quisieron negociar y se resistieron a nuestras peticiones desde el comienzo. Ellos hicieron las sesiones de negociación un chiste y amenazaron de unirse contra la huelga. Los Chavistas votaron a salir en huelga casi simultáneamente. El consenso general era que las compañías aceptarían firmar muy pronto. Pero las compañías estaban decididas a pelear hasta el final. Las primeras dos semanas de la huelga pasaron pacíficamente y la gente trato la huelga como días de campo. Pero pronto los trabajadores empezaron a perder la paciencia y su dinero. De pronto mucha gente empezó a darse cuenta que las negociaciones no iban a ser tan fácil como todos habían esperado. Ahora, estábamos enfrentando un verdadero conflicto. Algunos trabajadores abandonaron la línea de huelga y se mudaron a otras áreas a trabajar. Algunos traicionaron al movimiento y regresaron a trabajar con sus compañías. Las compañías también trajeron trabajadores de otras áreas que estaban dispuestos a romper la huelga por dinero. Hubo muchos enfrentamientos entre los esquiroles y los huelguistas. La policía local no fueron suficiente para neutralizar la violencia y refuerzos de los condados vecinos fueron traídos para ayudar. El Valle Imperial, en su totalidad, se convirtió en una zona de guerra. Los enfrentamientos con la policía eran constantes. La gente les aventaba piedras en respuesta a los gases lacrimógenos y todos los días había muchos arrestos. Los esquiroles se empezaron a armar, y mostraban sus pistolas y rifles a los huelguistas. Estábamos muy preocupados por la seguridad de nuestros lechugueros y les aconsejábamos de tener cuidado. Todas las líneas de huelga tenían violentos enfrentamientos, pero nosotros nos manteníamos calmados. Los Saikoneros mantenían su protesta pacífica a pesar de una constante crítica. Nuestras líneas de huelga estaban aisladas de los conflictos de otras compañías pues nos encontrábamos en lados opuestos del valle. Pero después de un enfrentamiento excesivamente violento, otros huelguistas vinieron a nuestras líneas de huelga a instigar a nuestros lechugueros a pelear.

"¡Ora pinchis coyones! Nosotros le dimos en la madre a los esquiroles y ustedes aquí con los brazos cruzados. ¡Cobardes!" Gritaban los instigadores desde sus carros.

Algunos de los Saikoneros se enojaron por las acusaciones y demandaban acción de parte de todos. El líder de la línea de huelga les pidió a la multitud de gente que se calmara. Pero se rehusaron a escuchar y procedieron a invadir los files, amenazando a los esquiroles.

"¡Vamos a darles en la madre!" Gritaba la multitud enfurecida.

Entonces, nuestro temor más grande se hizo realidad: Al invadir el fil, los Saikoneros fueron recibidos con una lluvia de balas por parte de los esquiroles. Una de las balas le pegó a Rufino, uno de nuestros Saikoneros, en la cabeza, matándolo instantáneamente. Las noticias se desplegaron como el fuego por todo el valle y la gente de todas partes se juntó en los terrenos de las oficinas de la unión para ponerse de luto por nuestro mártir.

La muerte de Rufino paro la huelga en seco. Muchas celebridades, incluyendo a Cesar Chávez y el gobernador Brown asistieron a su funeral. Más de diez mil dolientes marcharon detrás del funeral a su tumba en el cementerio de Calexico. Nosotros sabíamos que habíamos perdido la huelga. Los intentos de seguir con la línea de huelga fueron en vano. Muchos huelguistas se desilusionaron y asustados por los eventos, abandonaron la huelga. Los Saikoneros se dispersaron en muchas direcciones. Buscaron refugio en otras compañías. Al principio fue difícil encontrar trabajo pues terminamos marcados por nuestra participación en la huelga. Nuestra reputación como instigadores nos hizo indeseables. La costosa refriega por retener nuestros beneficios había fracasado. Perdimos un buen amigo y el abuso en los files se tornó más severo que nunca. Los sueldos se bajaron y el trato hacia los trabajadores era duro. Perdimos nuestra señoría y la esperanza de volvernos a organizar algún día. Los files se convirtieron en un lugar indeseable para trabajar. Los Saikoneros perdieron su estabilidad y el ambiente de familia que habían disfrutado. Después de la huelga, vagamos en pequeños bandos de una compañía a otra tratando de volver a crear el amigable ambiente que una vez habíamos tenido. Pero al pasar de los años, el legado de los Saikoneros se desvaneció.

EL WELFERERO

El regreso de mi familia de Guadalajara fue alentador. Extrañaba la comida de María Elena. Extrañaba los niños: su risa, gritos y travesuras. Extrañaba los pleitos y reconciliaciones con María Elena. Mi situación financiera era muy crítica. Me ví obligado en buscar ayuda en otro lado pues el seguro de compensación continuaba deteniendo mis beneficios. Ya no podía esperar su decisión por más tiempo y no iba a permitir ser obligado a volver a trabajar en mis condiciones. Siempre había sabido sobrevivir, buscando la manera de resolver mis problemas. La solución más práctica para este problema era buscar ayuda pública y convertirme en un Welferero. María

Elena y yo estuvimos de acuerdo de aplicar por "welfer". Ya habíamos usado la asistencia pública anteriormente para sobrevivir los duros veranos. La rutina de siempre era trabajar duro durante el invierno para guardar dinero y acumular buenos beneficios de desempleo. Cuando el trabajo se escaseaba, aplicábamos por varios programas de asistencia. Con cuatro hijos y mi miserable sueldo nosotros calificábamos para todo.

Habíamos sobrevivido en un apartamento destartalado de una recamara. Tenía un almacén pequeño donde dormían los niños todos amontonados. Teníamos una constante batalla con toda clase de pestes. El apartamento estaba construido en un piso levantado el cual proveía el ambiente perfecto para las cucarachas, arañas, y ratones. Sobrevivimos muchos veranos duros sin aire acondicionado. Usábamos un viejo ventilador de agua que lanzaba aire caliente. Cuando el calor era inaguantable, nos metíamos en una alberca de plástico pequeña debajo de la sombra de un árbol para refrescarnos. Los inviernos eran igual de ásperos. El viento frío soplaba por entre las rendijas en las paredes lo cual causaban condiciones muy heladas en el apartamento. Todos dormíamos con pijamas gruesas o con varias prendas de ropa para mantenernos calientitos. Nos habíamos cambiado al apartamento cuando teníamos nuestro primer hijo. Era algo temporal y teníamos pensado de cambiarnos pronto a un lugar más grande. Pero nunca lo hicimos. José y Alberto nacieron después, haciendo las cosas más difíciles para caber en un departamento tan pequeño. Hablábamos de buscar una casa más grande pero no podíamos encontrar una a nuestro presupuesto. Los sueldos inestables en los campos no eran suficientes para completar los gastos. María Elena se ofrecía a trabajar, pero yo siempre rechacé la idea. Yo no quería que ella trabajara en los campos como nuestras madres. Además, a pesar de las degradadas condiciones en que vivíamos, yo me sentía en mi lugar. Era la misma forma que yo había vivido por muchos años con mis padres. Yo me resigné a vivir con lo que tenía.

"Con que haiga pá tragar," yo decía.

Yo lamentaba mi situación, pero no tenía la ambición de cambiar mi forma de vida.

Al pasar de los años, las condiciones del apartamento se deterioraron y vivir ahí se hizo insoportable. La tolerancia de María Elena fue abrumada y ella seguido se quejaba. Me urgía que consiguiera otro lugar para vivir. Traté de darle la misma excusa de siempre, pero me la rechazó. Ella se volvió implacable en convencerme de buscar una nueva vivienda.

El deseo más grande de María Elena era tener su propia casa y seguido me animaba a buscar la manera de convertirlo en realidad. Solíamos hablar de eso y hacer planes. Pero si conseguir un mejor departamento era difícil para mí, comprar una casa era casi imposible. Un pago mensual por una casa era más de lo que yo ganaba en un mes. Los miles de dólares necesarios para el entre de una casa estaban fuera de mi alcance. Mis padres y otros amigos habían obtenido sus casas por medio de un programa para familias de bajos recursos. Habíamos aplicado, pero no calificamos porque éramos una familia muy joven. Nada más teníamos un hijo y necesitábamos por lo menos dos para calificar. Para cuando nació nuestro segundo hijo el proyecto de viviendas estaba estancado. La economía estaba en receso y el gobierno no estaba subsidiando programas de viviendas para familias de bajos ingresos. Tuvimos que esperar algunos años para que un nuevo proyecto comenzara. Hubo muchas juntas de información para levantar el interés de la gente. Las juntas trajeron esperanzas para muchas familias. Había quinientas familias registradas para cincuenta casas. Yo estaba pesimista de asistir porque los fondos para el proyecto aún no estaban aprobados por el gobierno. Las juntas por lo general estaban en desorden y discusiones acaloradas de quien obtendría las casas eran frecuentes. Los conflictos eran instigados por los familiares y amigos de los organizadores, quienes aseguraban tener prioridad sobre el resto de la gente. A mí me disgustaba ir a escuchar estas discusiones, pero María Elena siempre me convencía.

"Si no vamos a las juntas, nunca sabremos si calificamos," ella insistía.

Pasaron seis años y las esperanzas de conseguir una casa se desvanecieron para mucha gente. Pero no para María Elena, quien persistentemente conseguía nueva información acerca de las casas. Ella escuchó un rumor de que se habían mandado unas cartas a las familias que habían aplicado. Nosotros no habíamos recibido una y esto le causo preocupación a María Elena. Ella quería preguntar por que habíamos sido excluidos. Yo traté de razonar con ella de que probablemente no habíamos calificado por que había tantas familias de donde escoger.

"Las casas son para los parientes y amigos de los organizadores," le dije a María Elena.

Yo siempre pensé que era un programa corrupto y que las familias que en realidad necesitaban las casas serían excluidas. Pero María Elena tenia fe que los representantes del estado tomarían la decisión final que predominaría en contra de las recomendaciones de los organizadores locales. Una vez más ella me convenció de ir de nuevo, y yo renuentemente la acompañé a las oficinas de la Administración de Casas Para Campesinos, Farmer's Home Administration. Fuimos a las oficinas muy temprano. Acababan de abrir y la oficina se encontraba vacía cuando recién llegamos. Nos acercamos a la secretaria quien al vernos nos saludó.

"Venimos a pedir información sobre las casa nuevas," Le dijo María Elena a la secretaria.

"¿Recibieron una carta confirmando su aplicación?" Preguntó la secretaria.

"Si," mintió María Elena.

Cuando la secretaria preguntó por la carta, María Elena dijo que ella la había perdido. Pero la secretaria no podía encontrar nuestros archivos porque no nos habían mandado la carta de confirmación. Ella trató de rechazarnos, pero María Elena insistió que sí habíamos aplicado. La secretaria entró en una oficina para consultar con un hombre quien salió a hablar con nosotros.

"Ellos vienen a aplicar por una casa pero no tienen la carta de confirmación," explicó la secretaria.

"Está bien," dijo el agente. "Si saben de nosotros probablemente es porque ellos recibieron la carta. Ponlos en la lista," él agregó.

El hombre nos vio y sonrió.

"Ustedes son los primeros en responder a la carta. El que llega primero se le atiende primero," él dijo. "Les daré una cita para mañana. Si me traen toda la documentación que se necesita ustedes serán una de las primeras familias para obtener una casa," él concluyó.

Nos fuimos de la oficina muy excitados. No podíamos creer nuestra buena suerte. La persistencia de María Elena había dado frutos. Todos nuestros documentos estaban en orden. Habíamos sido muy cuidadosos de guardar nuestra aplicación y los documentos de requisito actualizados en anticipación de este momento. Nosotros regresamos al siguiente día a nuestra cita. Para entonces la oficina estaba llena de gente tratando de someter su aplicación. Los agentes del estado condujeron un proceso justo, rápidamente desecharon todas las discrepancias creadas por los organizadores locales. En unas cuantas semanas ellos distribuyeron las casas a unas pocas familias merecedoras que calificaban.

"¡Lucio! ¡Nos llamaron!" Gritó con júbilo María Elena.

Ella me abrazó y me besó con alegría al entrar a casa al llegar yo del trabajo. Me jaló al siguiente cuarto y nos sentamos en el sofá y ella se acurrucó en mis brazos.

"Llamaron," me repitió.

"¿Quien llamó?" Le pregunté.

"Los de Farmer's Home Administration. Preguntaron si todavía nos interesaba la casa y nos dieron una cita para ir a firmar un contrato esta tarde," ella dijo.

Esa tarde fuimos y firmamos el contrato. Habíamos calificado para obtener nuestra casa propia. Nuestro milagro se acababa de hacer realidad. La casa estaba en las últimas etapas de construcción. Tomaría unas semanas antes de poder ocuparla, pero nos dieron acceso a la casa. Nosotros visitábamos nuestra casa a diario. Nos pasábamos la mayor parte del tiempo ahí. María Elena estaba planeando las decoraciones mientras yo cultivaba el lote para nuestro futuro jardín. Los niños escogieron sus cuartos. José y Alberto compartirían un cuarto mientras Lucio tendría el otro. Tenían bastante espacio para corretear adentro y afuera de la casa. Era difícil regresar a nuestro viejo apartamento después de pasar unas horas en nuestra casa nueva. Alberto se quejaba y se resistía a regresar. Siempre cuestionaba el porque no nos podíamos quedar. María Elena y los niños se quejaban del repugnante olor en nuestro apartamento. El mal olor provenía de una fuga en la pipa vieja de drenaje bajo del piso del apartamento. Se volvía más eminente después de haber pasado unas horas oliendo el aroma de la casa nueva. El olor repentino al entrar a la vieja vivienda era desagradable. El calor era intolerable. Después de pasar unas horas en la frescura proporcionada por un aire acondicionado, nadie quería volver al ventilador que soplaba aire caliente. Las últimas noches que pasamos ahí fueron una pesadilla. No podíamos esperar más para poder movernos y comenzar una nueva vida.

Nuestras condiciones de vida mejoraron dramáticamente en nuestra casa nueva. Nos cambiamos de la destartalada e infestada casa a un hermoso palacio de tres recamaras. La casa tenía una hermosa cocina con gabinetes y una estufa nueva. La sala era grande, estaba alfombrada y tenía una ventana con vista al lote de enfrente. Afuera, la casa tenía lotes grandes enfrente y atrás. Teníamos espacio suficiente para hacer un jardín y un asador, y sobraría lugar suficiente para que los niños jugaran. Sorprendentemente, nos habíamos mudado sin dar ningún depósito. El pago mensual era variable pues estaba basado en nuestros ingresos. Comenzaríamos dando ciento veinticinco dólares mensuales; solamente pagaríamos el veinticinco por ciento del pago actual. Nuestros amigos envidiaban nuestra buena suerte. Sarcásticamente nos decían los ricos pobres porque vivíamos en una casa que no podíamos costear sin la ayuda del gobierno.

Yo me hice muy hábil en buscar los programas de asistencia pública locales. Yo era muy persistente en cumplir con los requisitos para poder traer bastantes recursos para mi familia. Me hice muy creído y presumía mis habilidades a mis amigos.

"No nomás es vivir, hay que saber vivir," solía decirles a ellos.

Mis amigos admiraban mis estrategias y mi implacabilidad.

"No saben que chinche se echaron en su petate," ellos bromeaban.

A través de los ásperos años, yo había adquirido un productivo sentido de astucia para mejorar mi situación. Yo había aprendido a usar mis desventajas para beneficio de mi familia. Para algunas personas, una familia grande era una carga; para los welfereros era una bendición.

Nuestro cuarto hijo nació en el primer año de vivir en nuestra casa. Al principio, yo estaba renuente de tener otro bebé. Después cambié de parecer influenciado por el popular consenso en nuestro barrio que entre más familia uno tiene, más asistencia uno recibe. Además, María Elena deseaba tener una hija. Ella era la única mujer en la casa y extrañaba la compañía de una niña. Pero su deseo nunca se dio. En cambio obtuvimos nuestro cuarto hijo, Miguel Ángel. No éramos los únicos en tener nuevo bebé en el barrio; quince niños nacieron en el primer año solamente en nuestra cuadra. Irónicamente, al tener muchos hijos, el futuro de las familias de bajos ingresos mejoraba. Entre más hijos tenía una familia, los abonos de la casa disminuían y eran más los benéficos de asistencia pública que obtenían.

Nuestra cita en el departamento de asistencia pública fue muy favorable. Nuestra trabajadora social era muy comprensiva. Ella no podía creer que el seguro me negaba mis beneficios a pesar de mi lastimadura. Después de hacer unos arreglos para darnos asistencia de emergencia, la trabajadora social se fue a contactar al seguro. Después de unos minutos ella regresó.

"Les llamé. Si tu no recibes un cheque con tus pagos atrasados esta semana, regresa y déjamelo saber," me dijo la trabajadora social.

Nos fuimos a la casa más desahogados, sabiendo que íbamos a poder pagar nuestras deudas y proveer para nuestros hijos. El departamento de ayuda publica proveería dinero, estampillas de comida, y ayuda médica para aliviar nuestras necesidades básicas. Además, ellos presionarían al seguro de compensación de trabajo para que me dieran mis beneficios. En unos cuantos días yo recibí mi primer cheque de compensación de trabajo. Con estos beneficios, nuestro nivel de vida se hizo más cómodo.

EL DESPERTAR

AL PASAR DE LOS MESES, el dolor de mi pierna disminuyó. La pierna continuaba entumida y tullida. Todavía no estaba en condiciones de trabajar. Mi doctor decía que nunca me recobraría completamente, pero que la lastimadura se aliviaría con el tiempo si me cuidaba. Me aconsejó que buscara otro tipo de trabajo.

"Nunca volverás a ser lechuguero, pero con el tiempo, podrás desempeñar otro tipo de trabajos con menos exigencias físicas," me dijo.

Mis amistades me aconsejaban diferente. Me animaban a contratar un abogado y poner una demanda de compensación.

"Que te paguen una feria, güey" me decían.

Se contaban muchas historias de trabajadores con lastimaduras que habían obtenido muchos miles de dólares en compensación. Algunas personas decían que lo único que se tenía que hacer era someter una demanda y esperar pacientemente por el resultado. Los trabajadores lastimados insistían que no podían trabajar en nada y recibían beneficios mensuales hasta que se llegara a un acuerdo. Los trabajadores recibían una compensación monetaria y rehabilitación. Basado en mis tendencias de welferero, estas propuestas eran muy atractivas y yo hice planes de tomar ventaja de mi situación. Contraté un abogado y sometí una demanda de compensación. El proceso duró muchos meses. Mientras tanto, me la pasaba sentado en la casa pacientemente esperando todo el dinero que decía la gente que yo obtendría. Era una rutina muy monótona. Me levantaba en la mañana, me preparaba un café, y visitaba mi jardín. Me quedaba en el jardín por un par de horas haciendo ejercicio con mi pierna. Más tarde, me ponía a ayudarle a María Elena con el quehacer de la casa y a preparar el almuerzo y la cena. La mayor parte del día, me la llevaba sentado viendo televisión. Me familiaricé con todos los programas a todas horas del día. En algunas ocasiones, me visitaba uno de mis amigos. Juan ayudaba a romper la monotonía de mis rutinas. Nos tomábamos unas cervezas e intercambiamos técnicas de jardinería. Después de unos meses de estas tediosas rutinas, empecé a aburrirme y a preguntarme cuanto tiempo tendría que vivir así. Yo siempre había sido muy activo. Buscaba cosas en que mantenerme ocupado, pero mi abogado me desanimaba. El insistía que manteniéndome inactivo me daba mejores oportunidades de obtener una compensación más substanciosa. Pero yo no estaba conforme. Me empecé a desesperar. Mi pierna tullida me desmoralizaba y extrañaba el ambiente de los lechugueros. Extrañaba mis actividades físicas y sociales. Yo comencé a ver mi casa como una prisión. Mis actividades eran limitadas por la preocupación que el seguro obtuviera evidencias en contra de la demanda de mi lastimadura.

Mi masajista, Ramón, quien era ciego, me motivaba a sobreponerme a mi discapacidad. Él decía que mi condición no era tan seria. El nervio ciático estaba atorado en una de mis vértebras del lumbar y podría liberarse con una rutina consistente de ejercicio. Ramón me inspiraba, a pesar de su discapacidad, él llevaba una vida muy productiva. Él me bromeaba de mis lamentos.

¿Que pasa? ¿Tan poco aguantas? Te quejas por que estas renco. Yo estoy ciego y vivo muy a gusto," me decía Ramón burlesco.

Ramón tenía su propio consultorio y empleaba a varias masajistas ciegas. Él las animaba a ser independientes y productivas a pesar de sus discapacidades. Yo aprendí de él a no tener lástima de mi mismo y de ver mi recaída como la fundación de una nueva vida. Me hablaba de todos los obstáculos que él había sobrellevado, de como cambió para ser un persona positiva. Él hacia bromas acerca de estar ciego. Era su escudo contra la crueldad que existe contra la gente discapacitada. Ramón hablaba de alimentar nuestro carácter contra el pesimismo de la gente alrededor de nosotros. Él usó su determinación para combatir la degradación a la que estaba expuesto.

"Entre más te rebajen, más la determinación de demostrar que están mal," decía Ramón.

Por muchas noches intranquilas yo repasé las conversaciones con Ramón. Yo fui influenciado por su motivador enfoque que me dio el poder de ser positivo. Él decía que el pensamiento positivo era el primer paso en el proceso del cambio de actitud. Yo necesitaba creer en mi mismo, que yo podía obtener más y mejores cosas en mi vida. Yo quería aprender a vivir bajo los consejos de Ramón.

Fue muy difícil cambiar mi estilo de vida. Era adictivo; una calle de un solo sentido sin retorno. No estaba seguro donde empezar. Ramón decía que lo más difícil era empezar en cualquier situación, pero que una vez que se empieza muchas opciones comienzan a desarrollarse.

"Podría comenzar por sobrellevar mi discapacidad," pensé a mi mismo.

Para mantenerme activo, me refugiaba en mi jardín. Me gustaba leer acerca de la jardinería orgánica. Aprendí el arte y le hice un hermoso jardín a María Elena. Las flores eran hermosas y había plenitud de vegetales y frutas. En el jardín, yo cuidaba a Mikey mientras María Elena hacia los quehaceres. Mikey tenía dos años de edad y se apegó mucho a mí. Pasábamos mucho tiempo junto. Él remedaba todo lo que yo hacia. Él pretendía hacer jardinería y siempre quería ser un participante. Le fascinaba comer vegetales y frutas que nosotros cultivábamos, especialmente los tomates y los chicharos.

"¿Ya te fijaste que el Mikey manquea? Me preguntó un día María Elena.

Así como imitaba como yo trabajaba en el jardín y como hacía mis ejercicios, él comenzó a caminar renqueado. María Elena, humorísticamente me urgía a que caminara derecho.

"Si no te alivias pronto, Mikey se va hacer tullido también," María Elena bromeaba.

Era el buen sentido del humor de María Elena lo que me alegraba. Ella siempre expresaba su fe en mi recuperación.

"Te vas a aliviar pronto, ya veras," ella solía decirme con mucho cariño.

Yo me hice devoto a la rutina de ejercicios que mi doctor me dio. Me recostaba en el suelo y levantaba mi pierna apoyándola sobre una almohada. Al estar acostado, yo levantaba lentamente mi rodilla hasta llegar a mi pecho mientras enderezaba mi espina dorsal presionándola al piso. Yo alternaba cada pierna en varias repeticiones durante diferentes horas del día. El objetivo era mantener la espina dorsal derecha mientras jalaba el músculo de la pierna intentando manearlo y liberarlo. Me interesé en esa lógica y comencé a leer libros relacionados a este concepto. A como fui entendiendo la lastimadura, el ejercicio se hizo más significante. Yo observé la lógica de jalar el músculo para suavemente liberarlo. Yo desarrollé la postura apropiada en mis ejercicios y cuando jalaba el músculo podía sentir como se movía. Yo aprendí diferentes formas de estiramiento. Me concentraba a estirar el músculo de la pierna mientras meditaba e imaginaba al nervio moverse el cual gradualmente empezó a soltarse. Yo era devoto a mis ejercicios a todas horas del día. En una ocasión, así repentinamente como sucedió la lastimadura, sentí el nervio liberarse. Fue un gran alivio sentir una sensación correr por mi pierna una ves más. Corrí hacia María Elena a decirle sobre el gran cambio en mi condición.

"Mikey no se va a convertir en un tullido después de todo," le dije.

Me miró confundida y sonrió.

"No te entiendo," me dijo.

Le expliqué como había sentido el músculo moverse, soltando una sensación por toda mi pierna. Mis dedos entumidos empezaron a recobrar el sentido del tacto y en dos días yo podía moverlos. En unas cuantas semanas yo podía caminar sin renquear. Era el más grande sentimiento de éxito que yo había experimentado en mi vida. Había aprendido a sobrevivir y sobreponerme de una etapa muy difícil en mi vida. Tal vez era el punto de retorno.

Arriba, Lucio trabajando de jardinero en la escuela Rockwood y en casa; abajo, la joven familia Padilla, de izquierda a derecha Lucio, María Elena, Miguel Ángel, Lucio Jr., abajo José y Alberto.

"Hay ofertas de trabajo en el distrito escolar," dijo el señor Belcher.

¡Que bien!" le dije

"¿Que bien, que?" Me preguntó desconcertado por mi respuesta.

Por muchos años él me había propuesto una variedad de alternativas de trabajo, pero yo siempre lo había ignorado.

"Gracias por decirme; estoy muy interesado," le dije.

"Nunca pensé oírte decir eso," dijo el señor Belcher.

Él siempre me había dicho que yo merecía otras oportunidades para demostrar mi potencial y que el distrito era un buen lugar para comenzar.

"Sigue siendo un trabajo laborioso. Es nada más un poco menos pesado y tiene más futuro que en los files," dijo el señor Belcher.

Mi doctor estuvo de acuerdo con la propuesta del señor Belcher y me hizo una comparación de los beneficios de mis dos opciones.

"Mi abogado me dice que si aplico por este trabajo dañara mi caso," yo le dije.

El doctor no estaba muy optimista sobre los beneficios del seguro.

"Lo más probable es que obtendrás algo de dinero y un entrenamiento para un trabajo sin mucho futuro. En cambio, si obtienes una posición en el distrito escolar tus opciones se incrementaran," me dijo el doctor.

Mi abogado trató de influenciar mi decisión de aplicar por un empleo. Él me explicó que significaba abandonar el caso y perder la compensación monetaria. A pesar del riesgo, tomé la determinación de buscar otro camino. Apliqué para un trabajo de conserje que ofrecía el distrito escolar. La secretaria me dio una aplicación y una cita para tomar una prueba escrita. Ellos querían saber que tanto sabía sobre las responsabilidades de este trabajo. Yo ignoraba todo lo que estuviera relacionado con las tareas de un conserje y no sabía que esperar en el cuestionario de la prueba. Le pedí consejos al señor Belcher. Él me refirió a una sección de la biblioteca que contenía libros de práctica para toda clase de trabajos de gobierno. Saqué un libro de práctica para las pruebas de la posición de conserje. Yo estudié mucho y pasé la prueba en el primer lugar. Fui a mi primera entrevista con mucho entusiasmo. Sabía que había otros aplicantes con más ventajas. Algunos de ellos tenían experiencia y ya habían trabajado en el distrito.

"¿Que tengo que perder? Ya estoy en el fondo de un hoyo. No me puedo ir mas hondo," pensé a mi mismo.

Le dí mi mejor esfuerzo pero no fui elegido para el trabajo. El señor Belcher me dio ánimo de aplicar por otras posiciones.

"No te des por vencido ahora," me dijo.

Regresé a la biblioteca e hice una lista de todos los libros de posiciones gubernamentales que estaban disponibles. Fui a las oficinas del distrito y les pedí una lista de las posiciones clasificadas en el distrito y puse aplicaciones para diez de ellas.

"Tú en verdad que quieres trabajar aquí," me dijo la secretaria.

"¡Sí! Nada más déjame un hueco y entraré," le dije a la secretaria con una sonrisa.

Regresé a la biblioteca y saqué un libro para cada posición de las que yo había aplicado y me preparé para las pruebas. Una tras otra yo las pasé y esperé la oportunidad de ser entrevistado. Puesto que estaba en la lista de espera, se me ofreció una posición temporal para el verano en el departamento de mantenimiento. Era la primera oportunidad que obtuve para demostrar mis habilidades. En mi primer día de empleo, fui asignado a pintar las líneas de los estacionamientos. Me pusieron de compañero a un señor llamado David. Éramos parte de una cuadrilla de doce trabajadores temporales esperando la oportunidad de obtener un trabajo permanente en el distrito. Durante el proceso de adaptación me dí cuenta que existía un patrón de comportamientos que yo había experimentado en los files. La relación entre los trabajadores y los administradores era inestable. Los trabajadores se quejaban de prácticas de trabajo injustas y ponían resistencia pasiva en cada tarea que se les mandaba como protesta de su descontento. Los administradores en cambio trataban a los trabajadores con arrogancia y con un aire de superioridad. Los trabajadores tenían la protección de su unión, la cual balanceaba la situación pero no mejoraba la relación. Los dos lados constantemente se quejaban de los otros. Yo ignoré su comportamiento y me dediqué a trabajar para afianzarme en el distrito. Yo siempre trabajé duro a pesar de las protestas de mis compañeros los cuales me acusaban de barbero con los patrones. Ellos querían que yo también me resistiera a trabajar en alianza con ellos. Yo lo único que quería era un trabajo, y no lo iba a conseguir trabajando por debajo de mi capacidad. Además no solo quería un trabajo, yo quería ser el mejor trabajador en el distrito. Así como antes quería ser el mejor lechuguero cuando trabajaba en los files, ahora quería sobresalir en cualquier tarea que se me diera.

Mi primera posición permanente que se me otorgó fue como ayudante de maestro en el programa vocacional. Era una posición de seis horas con beneficios y un sueldo decente. Yo me gané el trabajo por mi esfuerzo. Yo era un buen candidato por mi experiencia en mecánica automotriz, carpintería, soldadura y jardinería. Pero los maestros me dieron un frió recibimiento resentidos porque fui elegido en vez de su candidato preferido. Empecé a experimentar el trato áspero del cual otros trabajadores se quejaban. Los maestros eran arrogantes y me degradaban desde el primer momento que nos presentaron. La sub-directora me mostró las instalaciones y me presentó a los cuatro maestros a los que ayudaría en su respectiva orden.

"Este es su nuevo asistente," le dijo la administradora al primer maestro.

"Mucho gusto," le dije.

Le ofrecí estrechar su mano, pero el maestro me ignoró.

"¿Está este hombre calificado?" Preguntó el maestro molesto.

"Él fue elegido en la entrevista," contestó la administradora.

"Yo tengo experiencia como mecánico," le dije.

Estaba tratando de ganarme la simpatía del maestro diciéndole de mis habilidades que yo tenía en su profesión. Él ignoró mi comentario y continúo con su protesta con la administradora.

"Si hace un error, yo lo quiero fuera de mi clase," concluyó el maestro.

El maestro se retiró enfadado. La administradora me miró y sonrió ignorando la actitud del maestro. Me condujo a otro de los maestros que no fue tan arrogante y sí algo simpático. Él era el maestro de jardinería y estaba contento de tener un ayudante con mis habilidades en la jardinería. Me sentí bienvenido en su clase. Yo percibí un ambiente hostil en los otros tres salones de clases. Era un alivio saber que pasaría la mitad de mi día de trabajo en la jardinería.

Al caminar a la oficina, la administradora apunto hacia un edificio.

"Esa es la sala de descanso. Tienes dos descansos de quince minutos durante tus horas de trabajo. Ahí te puedes relajar y comerte algún bocadillo," me dijo ella.

Después de completar todo el papeleo, fui mandado a mi primera tarea. Yo había de rotar de una clase a otra cada periodo. Antes de ir a la primera clase, fui a la sala de descanso a echar un vistazo. Me encontré con un maestro en la banqueta.

"Buenos días señor," le dije.

"¿Que tienen de buenos?" Me contestó enfadado.

"Bueno, el clima es agradable," yo le dije tratando de hacer conversación.

Ignorándome, él se volteó y murmurando se fue caminando dentro de la sala de descanso. Yo vacilé por unos segundos, y luego caminé dentro de la sala de descanso. El maestro gruñón estaba sentado en el sofá pretendiendo leer el periódico. Miró hacia arriba al verme entrar.

"¿Que diablos haces aquí?" Gruñó.

"Vengo aquí a tomar mi descanso," le dije.

Esta sala de descanso es solamente para maestros," él dijo.

"Yo soy un ayudante de maestro," le contesté.

"¡Dije maestros! Me gritó ¿Estás sordo?" Me preguntó.

El maestro se levantó y salió de estampida muy disgustado.

"Me quejaré. Yo no voy a compartir mi sala de descanso con otros empleados," balbuceó enojado.

Yo quedé perplejo, Nunca esperé esta clase de recibimiento en este ambiente. Yo lo presencié en los files, pero en una escuela era decepcionante. Durante mi estancia en este trabajo traté de no llamar la atención. Hacía mi trabajo y me retiraba de las demás personas. Me enfoqué en los estudiantes y solo hablaba con los maestros para saludarlos o para seguir sus instrucciones. Desarrollé una buena relación con los estudiantes y les enseñé muchas cosas que yo sabía. Yo tenía un amplio conocimiento en todas las materias para asistirlos. Los estudiantes me tenían confianza y me consideraban como un maestro. Yo simpatizaba con sus necesidades. Yo podía relacionarme con ellos. Ellos se expresaban bien de mí a pesar de los comentarios negativos de los maestros, causando discusiones entre ellos.

"El señor Padilla es el mejor maestro. Él sabe más que tú," le dijo un furioso estudiante.

"¡Él no es un maestro! Él no tiene credencial. Lo que él sabe no sirve de nada. Él solo es un asistente," gritó el maestro.

La discusión se había desarrollado por la frustración del estudiante quien no podía entender un concepto y que no se explicó bien. Con arrogancia y falta de sensibilidad, el maestro despidió al estudiante. Algunos de los estudiantes necesitaban de más atención y apoyo. Cuando lo buscaban eran rechazados. Los estudiantes con desventajas siempre eran acusados de ser flojos o apáticos. Yo sin querer había escuchado los crueles comentarios dirigidos a mí desde afuera de la puerta. Escuché la conmoción al entrar y me detuve en la puerta. Caminé dentro de el salón desconcertando al maestro quien enojado se retiró furioso. Yo me contuve e ignoré los comentarios. Me puse mi overol y procedí a interactuar con los estudiantes. La situación se hizo inaguantable. Traté de ignorar la actitud del maestro y concentrarme en mi trabajo.

Más tarde durante el periodo, el maestro se me acercó y me dio instrucciones de llevar a los estudiantes a una junta. Inmediatamente seguí las órdenes. Me dio gusto poder salir de la clase. La junta resultó ser una orientación para el colegio de la comunidad. Muchos estudiantes desinteresados se la pasaron chismeando, pero la información me llamó la atención. El señor Aragón, el consejero del colegio era un buen inspirador. Él había sido un conserje que había trabajado duro para terminar la escuela. Él les hablaba a los estudiantes acerca de la importancia de tener una educación y de todas las oportunidades que teníamos para obtenerla. El señor Aragón nos explicó sobre las ayudas financieras disponibles en el colegio de la comunidad para los que estuvieran decididos a hacer el esfuerzo.

"No había excusas. Todos tenemos la oportunidad de continuar la escuela," el señor Aragón dijo.

Al estar hablando el consejero, las palabras del arrogante maestro se repetían en mi cabeza.

"Él no tiene una credencial. El no vale nada," el maestro había dicho.

Los comentarios del maestro me habían disgustado. Pero ahora, después de haber escuchado al señor Aragón, yo me daba cuenta que todo era mi culpa. La falta de iniciativa, dirección y determinación había provocado esa crítica. Yo siempre me había justificado culpando mis dificultades y desventajas. Yo había desechado constantemente las observaciones positivas y recomendaciones que se me habían dado. El señor Belcher siempre me había animado a mejorar mi situación. Él me había demostrado su comprensión sobre mis tropiezos y me había ofrecido buenos consejos los cuales yo había ignorado. Mis críticos no comprendían ni se interesaban por mis limitaciones. Ellos solo indicaban mi falta de ambición. Ellos me percibían como flojo y un peso para la sociedad, un ciudadano de segunda clase. Esta en mí de convertir su percepción negativa en crítica constructiva. Tal ves yo pudiera voltear su arrogancia en la motivación para mejorar mi situación y comprobar que estaban equivocados. Así como me había aconsejado Ramón.

"Entre más me rebajen, más les demuestro que están mal," pensé.

Yo podía interpretar su crueldad, y sus comentarios degradantes y usarlos como mi inspiración. Sus humillaciones pudieran ser la clave para despertarme de este largo trance en que estaba sometido.

Regreso a Rockwood

No permanecí por mucho tiempo como ayudante de maestro. Me gustaba trabajar con los estudiantes, pero el ambiente era hostil y el salario era uno de los más bajos del distrito. Rápidamente apliqué para otra posición de jardinero en la escuela Rockwood, una posición de tiempo completo con beneficios y oportunidad de trabajar tiempo extra. Yo sabía que podría sobresalir como jardinero. La posición había sido vacante por uno de los pocos empleados anglo llamado Ted. Me había dado la impresión de ser una persona letárgica por la condición en que mantenía la escuela. Después se ganó mi respeto cuando supe que acababa de obtener su credencial de maestro. Ted estaba poniendo el ejemplo para el resto de los empleados clasificados de mejorar su estatus.

"Yo puedo ser el segundo empleado de mantenimiento de obtener mi credencial," me dije a mi mismo.

Tomar esta posición de jardinero me motivaba a seguir el ejemplo impuesto por Ted. El cuarto de herramienta estaba lleno de evidencias de su trayectoria. Las paredes estaban llenas de pósters con mensajes de inspiración.

"Si crees que la educación es cara, intenta la ignorancia," leía el póster.

Este mensaje captó mi atención porque estaba relacionado conmigo. Toda mi vida había experimentado la ignorancia y había pagado las consecuencias.

"Ahora era mi turno de intentar la educación," pensé.

El ambiente en Rockwood era el indicado para desarrollarme. La escuela estaba pasando por una etapa de reconstrucción y los campos estaban completamente destruidos. Tuve la oportunidad de demostrar mis habilidades reconstruyendo los campos. Los maestros eran amigables y motivados. Me dieron un buen recibimiento y elogiaban mis innovaciones. También tuve el apoyo de la señora Wilkerson, la directora de la escuela. Ella dio autorización a mis planes de renovación de la escuela y me animaba en mi búsqueda de una educación. La más grande inspiración fueron las memorias que yo tenía cuando fui alumno de la escuela Rockwood. Fue mi primera escuela cuando recién cruce la frontera. Ahora tenía la oportunidad de contribuir y expresar mi agradecimiento por las cosas que aprendí.

Tenía muchos recuerdos memorables del tiempo que trabajé en la escuela Rockwood. Yo comencé un proyecto de un jardín de vegetales donde todos los alumnos participaron. Cada clase tenía un lote de cuatro por catorce pies para cultivar vegetales y flores de temporada. Yo preparaba la tierra durante el verano y los alumnos sembraban y cuidaban sus lotes bajo mi supervisión durante el año escolar. Los maestros hacían lecciones que incorporaban los jardines en sus clases de ciencias y de lenguaje. Los alumnos plantaban, cultivaban y comían: zanahorias, brócoli, coliflor, repollo, tomates y chicharos. Los salones competían a ver quien crecía la fresa más grande. El premio era una charola de vegetales con su aderezo favorito para toda la clase. La creación de "El Club del Pulgar Verde" me dio la oportunidad de trabajar con los alumnos. Los miembros del club eran alumnos de todos los grados y tenían una variedad de tareas cuidando los jardines. Los alumnos estaban orgullosos de usar su placa del club cuando se involucraban en las tareas del jardín durante el recreo. Los jardines les daban la oportunidad a los alumnos de aprender a cultivar plantas. Ellos miraban las plantas desarrollarse de semilla a la madurez. Ellos también cosechaban el producto. Era una deliciosa conclusión.

El proyecto de jardinería me trajo prestigio en el distrito. Mucha gente mostraba su aprecio a mi dedicación. Desafortunadamente, también trajo resentimiento. Otras escuelas se preguntaban porque Rockwood era la única escuela con estas actividades. Los otros jardineros se resistían a la presión de comenzar sus propios jardines en sus escuelas. Ellos alegaban que no era parte de sus responsabilidades de trabajo y les quitaba tiempo de hacer otras tareas. Yo estaba haciendo ver mal a mis compañeros y se desarrolló una rivalidad. No estaba preocupado. Para yo hacer una buena impresión en mi trabajo, yo tenía que hacer cosas fuera de lo ordinario. Entre más me decían que no lo hiciera, lo más que yo me esmeraba. Yo pude mantener el programa de jardinería por cinco años hasta que fui transferido involuntariamente como jefe de jardineros. Fue una táctica para resolver el problema ocasionado por mis jardines entre otras escuelas y sus jardineros. Era un trabajo con mejor sueldo, pero fui removido del ambiente donde yo estaba prosperando. Me quejé, pero mi supervisor alegó que era una buena promoción.

"Te estamos dando la mejor oportunidad de tu vida," él me dijo.

Tal vez para otros empleados esta sería la oportunidad de sus vidas. Pero, mi meta no era ser un jefe de jardineros. Mi meta era convertirme en un educador.

LOS GRADUADOS

Nunca había tenido metas significantes en mi vida. Siempre que hacía planes, siempre había también una justificación para abandonarlos. Las dos razones más comunes siempre fueron que tenía un horario de trabajo impredecible y la influencia de mis amigos. Esos fueron los motivos principales por cual yo siempre abandonaba mis planes. Era una rutina adictiva que consumía la mayor parte de mi tiempo. Esa rutina me hacia descuidar todo lo demás, incluyendo a mi familia. Intenté varias veces cambiar, pero fácilmente me daba por vencido. Con un increíble complejo de inferioridad, funcionaba bajo el síndrome del "NO". "No puedo" era mi manera de pensar. Mi conducta era auto degradante y estaba muy integrada en el patrón de comportamiento.

La educación nunca fue una prioridad en nuestra familia. Jamás aventuré en nada fuera de mi rutina. No se esperaba que aprendiera un oficio ni mucho menos que hiciera una carrera. Nuestros padres eran analfabetos. Nadie en nuestra familia había ido a la universidad en los estados unidos. Solamente Roberto, el hermano de María Elena, había completado una carrera en una universidad por medio de un fondo militar. Roberto y su esposa tenían carrereas profesionales. Roberto era un técnico de laboratorio en un hospital militar y su esposa era maestra.

Irónicamente, cuando María Elena y yo les contamos que iríamos a la escuela nos hicieron sentir ridículos.

"¿Que clases estas tomando?" Preguntó Roberto.

"Estoy tomando clases para ser maestro," le contesté.

"Esas clases son muy difíciles," dijo la esposa de Roberto con una sonrisa burlesca.

"Si, es verdad, deberías tomar soldadura, mecánica, o algo que tú puedas hacer," dijo Roberto.

"No creo que tu puedas con las clases para ser maestro," dijo la esposa burlándose.

Roberto y su esposa nos degradaban haciéndonos sentir que ellos eran superiores a nosotros. Pero yo no me sentía inferior a ellos. Al contrario, me daban lástima por su ignorancia. Su educación no les quitaba lo arrogante. En vez de motivarnos con su éxito, nos trataban con desprecio, lo cual solo me hacía que me sintiera más orgulloso de mi mismo. Antes me hubieran desalentado sus comentarios, pero ahora, ya estaba dispuesto a acabar con esa cadena de analfabetismo que abatía a mi familia.

El colegio de la comunidad ofrecía oportunidades para personas con desventajas como yo. Muchos de los estudiantes tenían las mismas dificultades que yo. Venían de familias pobres y sin educación. Querían perder esa apatía hacia la educación. Las carreras disponibles en el colegio eran pocas, pero difíciles. El colegio ofrecía varias clases de regularización para preparar a los estudiantes que estaban atrasados académicamente para alcanzar los requisitos. También administraban el examen de Desarrollo de Educación General, para esos estudiantes que como yo no habían terminado la preparatoria. Un programa eficaz de ayuda financiera aliviaba las preocupaciones financieras de muchos estudiantes. La oportunidad estaba allí. Lo único que faltaba eran las ganas de enfrentar la cantidad de trabajo que venía. El principio del semestre fue emocionante. Las clases estaban llenas. Pero, a la mitad del semestre, la cantidad de alumnos que se daban de baja era enorme. La prueba no era fácil. Los que se daban de baja tenían sus limitaciones. Los que eran muy jóvenes no tenían habilidades académicas para triunfar en las clases y no habían sufrido en la vida, como para que valoraran el esfuerzo. Las personas mayores tenían familias y trabajos que interferían con los horarios de clases. Era una clara muestra del síndrome del "NO", no lo puedo hacer. La cantidad de trabajo era exigente y desmoralizante para esos que no estaban decididos completamente. Siempre tenían una buena razón para abandonar los estudios. Mi devoción por aprender no tenía límites. Yo estaba listo. Estaba cansado de las privaciones de la vida. Estaba listo para sacrificarme.

Me adapté bien al colegio. El ambiente era amistoso. La gente era común, como yo. Yo podía aprender tan bien como ellos. Mi conocimiento general era grande ya que me encantaba leer, lo cual me dio ventaja en todas mis clases. Mis deseos por aprender, mi dedicación y trabajo me colocaron en la cima en de todas mis clases. Mis tareas eran mi prioridad en mi rutina diaria. Era de grande importancia mantener un promedio de calificaciones alto para obtener ayuda financiera y competir por becas. Eran cruciales para cubrir la colegiatura y gastos de la escuela.

El año siguiente, nuestro hijo mayor, Lucio, graduó de la preparatoria y empezó la carrera de maestro. Él era el mayor. María Elena y yo queríamos que él pusiera el ejemplo para sus tres hermanos menores. Lucio tenía sus propias motivaciones y desafíos. Él había tenido la sabiduría para corregir sus errores. Lo mejor de todo es que él había aprendido a apreciar el valor de la educación mientras cursaba la preparatoria. Desde muy temprana edad, él ya se había fijado metas. Lucio era un joven en busca de su identidad e independencia. Tuvo que tomar decisiones difíciles, ya que tenía miles de distracciones que desorientan a los adolescentes. Él nunca trabajó en el campo, pero si había vivido las privaciones que experimenta una familia de campesinos. Lucio tenía la determinación para romper con la incertidumbre.

Lucio y yo llamábamos la atención cuando asistíamos a las mismas clases. La diferencia de edades era tan solo diez y siete años. Parecíamos hermanos. Con el mismo nombre, dirección, número telefónico, y la misma carrera, a veces causamos confusión. Muy seguido confundían nuestra información. Nos ahorramos tiempo y dinero compartiendo libros y tareas. Nuestra historia salio dos veces en los periódicos locales. La primera vez cuando nos graduamos con nuestra licenciatura para ser maestros y la segunda vez cuando nos graduamos de la maestría en administración educacional. Fue un gran logro. Lucio y yo habíamos establecido un precedente que motivaría a nuestra familia y a esos que nos rodeaban. Fuimos los primeros graduados.

Arriba, izquierda a derecha, María Elena durante su graduación; Lucio dándole su diploma a Lucio Jr.; María Elena, Lucio y Doña Bernardina durante la graduación; abajo izquierda, Rafael (papá), Lucio y Herlinda (mamá) derecha; derecha, Lucio durante la graduación

Me sentía orgulloso de mi rendimiento académico. Era como los tiempos viejos cuando era el mejor lechuguero, pomposo después de haber mostrado mis habilidades ágiles y eficaces. Mi carrera era mi más grande logro. Gradúe con honores, Magna Cum Laude, entre los mejores de mi generación. Mi búsqueda por una educación era extensa y ardua. Por varios años fui un estudiante de tiempo completo con un trabajo de tiempo completo. El trabajo era agotador y consumía todo mi tiempo. Me obsesioné con el reto. Mi naturaleza era el trabajar duro. Pensaba en la escuela a cada instante. Siempre estaba planeando como cumplir con mis responsabilidades. Estaba acostumbrado a la dura labor física. Pero el esfuerzo mental rápido empezó a cobrar su cuota. Me convertí en una persona estresada, irritable y arrogante. Esperaba que todos trabajaran tan duro como yo. Cuando alguien era descuidado yo los confrontaba. Imponía mi manera de ser con amenazas e intimidaciones.

Me distancié de María Elena. Ella terminó su carrera del colegio y turnó sus prioridades en otras direcciones. María Elena se estaba deteriorando física y emocionalmente por el estrés. En el curso de cinco años, su padre y tres hermanos murieron. Su madre era de edad mayor y requería de su atención y cuidado. Pero su mayor preocupación eran nuestros hijos, ya que entraban en diferentes etapas de la adolescencia. Todos se enfrentaron a diferentes retos mientras buscaban su autonomía. El inestable ambiente de nuestro hogar provocó varias confrontaciones de autoridad. Mis hijos retaron mi autoridad y María Elena tomó su lado. Me convertí en un amargado. Todos eran obligados a cumplir con mi autoridad o sufrían las consecuencias. Era un egoísta, las cosas eran "a mi manera o a mi manera". Mi familia resentía mi actitud y se cansó de mí. Peleábamos constantemente y después de nuestros enfrentamientos no lográbamos la reconciliación. Era muy difícil sanar las heridas emocionales de los conflictos. Me aísle de todos. Sentía que todos se querían aprovechar de mí. Siempre estaba de mal humor y rechazaba cualquier intento de comunicación. Cansada de nuestra situación, María Elena me amenazó con el divorcio. Me sentí exasperado. Regresé a mis viejas andadas de cuando era *Saikonero* y busqué refugio en la hora cuchi cuchi, la hora feliz en la cual muchos lechugueros ahogaban sus penas.

Todo el caos descarrío a mis hijos. La falta de buenas habilidades de padres y la hostilidad en la que vivían, hizo a nuestros hijos vulnerables a las influencias negativas. Los niños más pequeños perdieron el interés en la escuela. Rechazaban rotundamente nuestros consejos. Así como yo había sido en mi adolescencia, ellos hacían tal y como querían. Querían experimentar las emociones y dolores de la vida. María Elena sentía la angustia que habían sentido nuestras madres, al ver que buscábamos una autonomía y no estábamos listos para enfrentar todas las responsabilidades de la vida. Mi familia se deterioraba y yo trataba desesperadamente de encontrar a un culpable. Yo los culpaba a ellos. Yo me esforzaba diariamente para que no les faltara nada y ellos no lo apreciaban. También buscaba tranquilidad para disfrutar mis éxitos, pero no podía encontrarla con su oposición. Desafortunadamente, mi arrogancia no me permitía ver que la respuesta estaba en mí. Seguía atrapado en la idea que no era yo el que tenía que cambiar. Mi vida había cambiado en torno a la educación, pero en la vida familiar, seguía aferrado al mito y la falsa idea de lo que debería ser mi papel como jefe de familia. En medio de la ignorancia, estaba predispuesto a seguir el único ejemplo que tenía; yo era el jefe de la casa y era todo lo que yo quería saber.

ACADEMIA DE PADRES

"Levanten la mano los que son padres de familia", dijo la maestra.

Todos en el salón levantaron la mano. A todos nos confundió la pregunta. La maestra sabía que todos éramos padres.

"Claro que soy padre. Por eso estoy aquí, por un cabrón chamaco que se esta portando mal," dijo un hombre enojado.

La gente empezó a murmurar. En un segundo, todos empezaron a platicar sus problemas con la persona que estaba junto a ellos. Éramos un grupo de padres en una junta obligatoria por el mal comportamiento de nuestros hijos. Yo fui contra mi voluntad. Me sentía molesto y avergonzado de estar allí. Faltaban unas cuantas semanas para empezar mi carrera como maestro y estaba en una junta obligatoria de padres. Temía que esto manchara mi reputación. Esto podría reflejar como que yo fuera un mal padre y un maestro incompetente. Y no era así. Fui duro con mi familia pero siempre con la intención de protegerlos de los peligros de la vida. Yo pensaba que al ser estricto, los mantendría seguros. La maestra se presentó y nos dio un horario despiadado, al cual muchos de los presentes protestaron. El programa consistía de nueve sesiones semanales, de tres horas de duración. Teníamos que completar el programa o reponer horas que pudiésemos fallar. La gente se lamentaba por la pérdida de tiempo.

"En vez de estar haciendo otras cosas, aquí estoy perdiendo mi tiempo a causa de este cabrón," dijo el hombre enojado.

La primera actividad de la clase consistió en presentarnos y compartir algo personal de nosotros. Había personas de todos los niveles económicos en nuestra comunidad: gente con educación y buenas carreras, tanto como campesinos y obreros. Lo que teníamos en común era un hijo problema.

"¿Quien de ustedes fue a la escuela?" Preguntó la maestra.

Pausó por un momento. Algunos levantaron la mano.

"Para ser padres", continuó la maestra.

Todos se rieron.

"¿Cuál escuela? ¡No hay!" Dijo un padre.

"¿De dónde aprendieron sus estrategias de parentasgo?" Preguntó la maestra.

"Aprendimos de nuestros padres," algunos dijeron.

"La tarea más importante en la vida es ser padres, pero muchos padres no se preparan para serlo," dijo la maestra. "Muchos se comprometen sin saber lo que implica ser padres."

Todos estuvimos de acuerdo que usar lo que aprendimos de nuestros padres era aceptable mientras fuera positivo. Pero la mayoría de las personas que yo conocía trataban a sus hijos a madrazos y rayadas de madre. Irónicamente, el maltrato del cual huí cuando joven, formaba parte de mi repertorio de disciplina. La maestra también habló de amor incondicional por nuestros seres queridos. Explicó que el amor era la herramienta más poderosa para conseguir armonía y la base fundamental para el cambio.

"Amen a sus hijos por lo que son, y no por lo que serán," dijo la maestra.

"Enfrenten el mal comportamiento evitando conflictos," continuó la maestra. "Valoren la relación con su familia."

La tarea de la primera junta fue practicar decirles a nuestros hijos "te quiero" y evitar conflicto a toda causa. Hacía mucho tiempo desde que usé esas palabras. El odio las había borrado de mi vocabulario. Nunca les decía a mis hijos que los amaba. Me sentía incomodo decirlo. Había pasado mucho tiempo sin decirle a María Elena que la amaba; a pesar que juré amarla toda la vida.

La maestra era una gran oradora y cautivo a todos los presentes con su entusiasmo. Convirtió su clase en un ambiente positivo que alentaba en todos un auto-análisis concienzudo. Logramos indagar dentro, muy dentro de nuestro ser e identificar y sanar las profundas heridas que afectaban nuestras relaciones familiares. La raíz del problema yacía dentro de nosotros mismos. Por mucho tiempo, yo había buscado en otros lugares o culpaba a otros por mis errores. Y ahora, donde menos esperaba, encontraba la raíz y la solución a mis problemas. La clase me dejó una sorprendente impresión que incitó cambio en mi vida; de estar estresado y enojado me torné calmado y con esperanzas. María Elena y yo hablamos de la clase por horas hasta muy tarde. Acordamos que nosotros teníamos que cambiar si queríamos que nuestros hijos cambiaran. Teníamos que promover un ambiente armonioso en nuestro hogar, con amor y cariño. Teníamos que evitar conflictos y enmendar nuestras faltas para poder sanar las heridas emocionales. Teníamos que fomentar en nuestros hijos el buscar una identidad propia, apoyarlos para que se convirtieran en adultos responsables, productivos e independientes. Habíamos perdido tanto tiempo. Así como tuve que pelear contra la apatía de ir a la escuela, quería cambiar mi indiferencia hacia el desarrollo de mi familia. Había tanto que aprender. Era el tiempo indicado para empezar. Igual como decidí obtener una educación, decidí hacer cambios en mi vida que desarrollaran relaciones positivas con mi familia, y convertirme en una influencia positiva en ellos.

María Elena y yo no fallamos ninguna clase. Fuimos la única pareja que completo el curso. Los demás eran padres solteros o parejas que alternaban su asistencia. La academia de padres terminó un día antes que empezara mi nuevo puesto de maestro. Todo lo que aprendí en esas clases abrieron un mundo nuevo de oportunidades. Pude entender muchos de los comportamientos destructivos de mis nuevos estudiantes. Implementando las estrategias que había aprendido me permitió poder proveer mejores servicios para mis estudiantes. Mi primer grupo fue de educación especial. Estos estudiantes presentan problemas académicos, de socialización y emocionales. Presentaban problemas de aprendizaje, apatía, inseguridad, e hiperactividad. Pero el problema más obvio que presentaban estos niños era que venían de hogares donde los padres tenían marcadas deficiencias en sus habilidades como padres. Algunos estudiantes estaban sobre protegidos y otros muy descuidados. La mayoría de estos padres ignoraban las deficiencias de sus niños y no sabían como enfrentar el problema.

Para trabajar con estos estudiantes tuve que cursar una licenciatura en educación para niños con discapacidades. El programa de estudio incluía clases relacionadas con problemas de aprendizaje en lectura, escritura y matemáticas. Pero la clase que más me llamó la atención fue aquella que trataba como modificar el comportamiento destructivo de los estudiantes. La mayoría de los conceptos que se presentaron estaban relacionados con los valores de ser padre. Empecé a ver la semejanza entre ambos y los usé como estrategias para desarrollar personalidades positivas en mis estudiantes. Construí un ambiente positivo que ayudara a mis estudiantes con desventajas. Yo podía identificarme con ellos lo cual me daba la ventaja para poder ayudarlos. Mi clase fue lugar de experimentación para promover estrategias para motivar a los estudiantes. Mis administradores vieron el potencial que yo tenía y me ofrecieron entrenamiento adicional en estrategias de comportamiento y conceptos de estrategias para padres. Muy pronto me convertí en uno de los presentadores mas activos promoviendo estrategias eficaces para padres.

El principio de mi carrera como maestro fue bueno. Pude desarrollar relaciones buenas con mis estudiantes y sus padres. Los animaba que fueran a las clases de padres para que aprendieran como enfrentar sus problemas sin conflicto. El desarrollo de ambientes positivos tanto en la casa como en la escuela llevó a los estudiantes a mejorar significativamente en su aprovechamiento académico. Conforme iban mejorando académicamente, los alumnos de clases especiales, que una vez fueron rechazados, se les permitió participar en clases regulares, otorgando nuevas oportunidades para ellos. Empecé a sentir que tenía éxito y estaba viendo resultados.

Mientras las cosas marchaban bien en la escuela, en casa las cosas marchaban más despacio. Al principio, mis hijos no confiaban en mí y me rechazaban. A veces me desesperaba, y empecé a dudar de las estrategias que tanto promovía.

"¿Por qué no me funciona a mí?" Me preguntaba.

Podía ayudar a otros, pero no me podía ayudar a mi mismo.

La relación severa que tenía con mi familia entorpecía el cambio. Cuando algo positivo ocurría, algo más pasaba y todo lo que habíamos logrado se derrumbaba en un instante. Mi frustración no me dejaba disfrutar a mi familia ni mis éxitos. Necesitaba paz interna.

"¿Cómo puede ser alguien feliz con tanta ansiedad?" Me pregunté.

Las situaciones estresantes no permiten a nadie disfrutar de los placeres de la vida. Las carreras exitosas, el dinero, el estatus social, y una buena reputación, carecen de valor si no se tiene amor en la vida. Es la razón de nuestro existir: el poder cuidar de tu familia y que tu familia cuide de ti.

"¿Para que empezar una familia si no estas listo para cuidar de ella?" Esa es una pregunta que constantemente les hacía a los padres en mis clases, pero en realidad, me lo preguntaba yo mismo.

El continuar con las clases de la academia de padres me ayudó a poco a poco ajustar mi vida. Repasar los conceptos con otros padres me dio la determinación para ser paciente y tolerante, ya que transformar nuestros hábitos toma tiempo.

Lucio durante sus platicas para padres, arriba izquierda, en Los Ángeles para la conferencia CABE; derecha, para el distrito escolar de Los Ángeles; abajo izquierda para la conferencia binacional en Ensenada, Baja California; derecha, en El Centro para la conferencia del Programa Migrantes; en medio, Lucio y María Elena en una conferencia estatal de padres migrantes.

EL VIEJO LECHUGUERO

Soy una persona afortunada. He tenido muchas experiencias en la vida. He aprendido a ser una persona ingeniosa y enfrentar todos los contratiempos. He tomado decisiones importantes para cumplir con las funciones importantes de un ser humano. Tuve la determinación para sanar mi lastimadura. Pude salir de la ignorancia degradante que me limitó por tantos años. Dejé de ser un analfabeto y me convertí en profesionista exitoso. Pero la nueva luz de mi vida es la tranquilidad que he encontrado viviendo en armonía con mi familia. He cambiado tanto. Soy totalmente lo opuesto de lo que fui en mi juventud. He aprendido a vivir conmigo mismo y a convivir con mis seres queridos. Mi relación con María Elena ha florecido. Nos preocupamos uno por el otro. Pasamos mucho tiempo juntos viajando, vamos de compras, o simplemente relajándonos en casa. "Te amo" es una frase común y sincera en nuestras conversaciones diarias. María Elena es la persona con la que quiero estar toda mi vida. También he fortalecido mi relación con mis padres y hermanos. Logré sanar la relación con mi padre. Siento paz interna por haber podido decirle que lo amaba antes que él que muriera. Llevo una buena relación con mi madre, mi hermano, y mis hermanas. Somos una familia unida y nos cuidamos mutuamente. Juntos decidimos cuidar de nuestra viuda madre. Convencí a mi hermana Silvia que continuará su educación. Después de muchos años de trabajar en el campo también ella se recibió de maestra. Los más chicos siguieron el ejemplo y nos convertimos en una familia de educadores. A pesar de todas las desventajas que mi familia ha sufrido, hemos desarrollado unas bases sólidas para nuestras futuras generaciones.

La familia Padilla; arriba de izquierda a derecha, Lucio Jr., Alberto, Lucio, María Elena, José y Miguel Ángel; abajo Rafael (Hermano) Herli, Silvia (hermanas) Herlinda (mamá) Lucio, Rafael (papá), Sara y María Luisa (hermanas) celebrando los cincuenta años de Lucio.

Mis hijos son auto suficiente y mantienen un buen nivel económico. Tienen sus ideas fijas en la educación, y poco a poco logran sus metas. Están creando a sus hijos en un ambiente positivo. No existe huella evidente del pasado difícil que ellos vivieron. El proceso de reconciliación ha avanzado considerablemente. Están labrando precedentes productivos que influenciaran a nuestras familias. Nuestros sueños se han hecho realidad. Nuestros hijos se han convertido en gente de bien. Están estableciendo buenos valores familiares. Las relaciones con sus esposas he hijos es su logro más importante para ellos. El ambiente positivo en el que viven sus hijos los llevará a alcanzar su más alto potencial. María Elena y yo estamos disfrutando al máximo ver crecer a nuestros nietos sanos y felices. Estamos resueltos a desarrollar una buena relación con ellos. Queremos ser abuelos confiables para escucharlos y apoyarlos cuando necesiten de alguien con quien hablar. Nuestro deseo es que nuestros hijos y sus familias nos visiten por amor cuando seamos ancianos y no por obligación. Estoy agradecido por todo lo que tengo: un futuro estable, una esposa amorosa y una hermosa familia. Escuchar a nuestros nietos decir: "Los quiero mucho abuelitos," es nuestra alegría.

Lucio y María Elena con sus nietos: Izquierda a derecha, Lucio, Natalia, Mariela, Lucio Andrés, Génesis, María Elena y Miguel Ángel Jr.

Es incierto lo que el destino me guarde o cuantas metas más voy a lograr en el transcurso de mi vida. Yo seguiré abogando por los programas para padres que promueven los conceptos que han cambiado mi vida significativamente. Estoy seguro que mis hijos continuarán la campaña de mejorar la educación en nuestras escuelas. Estoy convencido que nuestro legado dejará huella en nuestra comunidad. Al ver el transcurso de mi vida, sonrío y me digo a mi mismo, "¿que más puede pedir un viejo lechuguero de esta vida?"

www.ingramcontent.com/pod-product-compliance
Lightning Source LLC
Chambersburg PA
CBHW061400280526
45784CB00001B/323